AF470352

MINISTÈRE DE LA GUERRE.

INSTRUCTION PRATIQUE

SUR

LE SERVICE DE L'INFANTERIE

EN CAMPAGNE

LIMOGES

IMPRIMERIE, LIBRAIRIE ET PAPETERIE MILITAIRES

V. CHARLES, éditeur

16, RUE MANIGNE. 16

USINE A VAPEUR, rue du Verdurier. 5 & 7

INSTRUCTION PRATIQUE

sur

LE SERVICE DE L'INFANTERIE

EN CAMPAGNE.

Limoges, imprimerie et librairie militaires V. CHARLES,
rue Manigne, 16.

MINISTÈRE DE LA GUERRE.

INSTRUCTION PRATIQUE

SUR

LE SERVICE DE L'INFANTERIE

EN CAMPAGNE

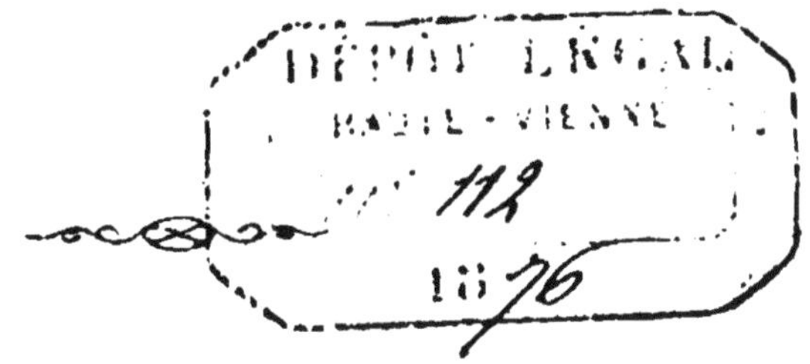

BIBLIOTHÈQUE NATIONALE IMPRIMÉS R.F.

DÉPÔT LÉGAL HAUTE-VIENNE 112 1876

LIMOGES

IMPRIMERIE, LIBRAIRIE ET PAPETERIE MILITAIRES

V. CHARLES, éditeur

16, RUE MANIGNE, 16

USINE A VAPEUR, rue du Verdurier, 5 & 7

AVANT-PROPOS.

L'ordonnance du 3 mai 1832 renferme d'une manière générale les principes du service de l'infanterie en campagne. Mais ce règlement, qui donne en termes concis les préceptes de l'art de la guerre, laisse trop à la sagacité de chacun le soin de les développer, et ne contient pas les détails nécessaires pour assurer l'enseignement uniforme des règles qu'il énonce.

A l'époque où il parut, on pouvait croire encore que l'expérience acquise pendant les guerres du premier Empire suffirait à combler cette lacune. Mais les traditions s'étant affaiblies avec le temps, il a paru indispensable de donner à l'infanterie une sorte de manuel qui, tenant compte des progrès accomplis, pût tracer d'une manière facile au soldat, au caporal et au sous-officier comme à l'officier, la ligne de conduite à tenir dans les diverses circonstances qui se présenteut à la guerre.

Tel est l'objet de l'instruction pratique sur le service de l'infanterie en campagne, instruction dont l'usage sera désormais obligatoire dans tous les corps d'infanterie.

Versailles, le 4 octobre 1875.

INSTRUCTION PRATIQUE

SUR

LE SERVICE DE L'INFANTERIE

EN CAMPAGNE.

PRESCRIPTIONS GÉNÉRALES.

L'Instruction pratique indique la méthode à suivre pour former progressivement les hommes au service en campagne, et les fait passer par une série d'exercices se rapprochant autant que possible de ce qui se passe à la guerre.

Pour rendre cette instruction plus facile, on commence par exercer séparément chacune des sections, avant de faire pratiquer les exercices des différentes parties à la compagnie et au bataillon, et, pour plus de commodité, bien que la section n'ait pas, comme la compagnie et le bataillon, d'ordre de combat proprement dit, on la suppose, dans le cours de ces exercices, fractionnée en deux échelons : *tirailleurs* ou *éclaireurs* et *renfort*.

L'Instruction pratique sur le service de l'infanterie en campagne se divise en cinq parties :

1re PARTIE — Service des avant-postes.
2e PARTIE. — Service de marche.
3e PARTIE. — Service de reconnaissance.
4e PARTIE. — Cantonnements et bivouacs.
5e PARTIE. — Convois et petites opérations de la guerre.

Chacune de ces parties est suivie du *développement des règles servant de base à l'Instruction pratique*. Ces règles, conformes à l'esprit de l'ordonnance de 1832, sont exposées de manière à rendre plus facile et plus précise l'application de ce règlement, qui n'est pas abrogé.

La plupart des préceptes ou des indications qui vont suivre s'adressent surtout à des fractions d'un effectif relativement restreint : section, compagnie, bataillon. Cependant il a semblé nécessaire, dans beaucoup de cas, d'ajouter aux règles concernant ces petites unités, des dispositions qui s'appliquent à des réunions plus considérables, telles que le régiment, la brigade ou la division.

Les exercices exécutés par les petites fractions sont tout particulièrement propres à former l'intelligence et la perspicacité des soldats. On devra donc attacher la plus grande importance à l'instruction de la section, qui commence la série des exercices pratiques, et qui comprend à la fois les détails du service individuel et les premières notions de l'instruction d'ensemble. Cet enseignement est complété par l'instruction de la compagnie et du bataillon.

Dans les exercices de cette instruction, l'ennemi sera toujours ou *supposé* ou *figuré* ou *représenté*.

L'ennemi est *supposé*, lorsque sa direction, sa force et sa position sont simplement indiquées d'une manière hypothétique.

Il est *figuré*, lorsqu'on n'emploie pour simuler le parti ennemi qu'un nombre d'hommes relativement restreint.

Il est *représenté*, lorsqu'on fait agir l'un contre l'autre deux partis, avec leur force effective. La représentation de l'ennemi a l'avantage de mieux faire comprendre au soldat les prescriptions qui lui sont données, d'éveiller l'attention et l'intelligence des chefs de tous grades et d'exercer plus de monde à la fois, puisque chacun des partis manœuvre alors pour son compte d'après le programme donné.

On doit donc autant qu'on le peut, représenter l'ennemi dans les différents exercices du service en campagne.

Lorsque l'ennemi est représenté, un officier dirige l'ensemble de l'exercice d'après un programme arrêté à l'avance, et donne en outre à chaque parti un programme particulier qui détermine, pour l'un et l'autre, la situation respective et le but à atteindre. Mais on doit s'abstenir de toute hypothèse modifiant les formes ou les accidents du terrain sur lequel on opère.

Sur le terrain, les chefs s'attachent à faire comprendre l'objet et le plan de l'exercice à leurs subordonnés; ceux-ci se trouvent alors à même de suivre avec plus de fruit le développement de l'action, et peuvent faire à propos acte d'initiative.

L'officier qui dirige un exercice suspend la manœuvre quand il le juge convenable, soit pour faire ses observations, soit pour prononcer lorsqu'il y a contestation entre les partis opposés. Si l'étendue du terrain le rend nécessaire, il s'adjoint des arbitres dont les décisions, aussi bien que les siennes, sont respectées et exécutées sur-le-champ et sans discussion.

Les arbitres doivent limiter leur décision à chacun des cas particuliers qui nécessitent leur intervention. Autant que possible on choisit pour arbitres des officiers auxquels leur grade ou leur ancienneté de grade donnent autorité sur les commandants des partis opposés. Ainsi, quand un bataillon est opposé à un ou plusieurs autres, le colonel s'adjoint pour arbitre le lieutenant-colonel.

Les officiers qui assistent aux exercices pratiques sans avoir de commandement évitent de gêner la manœuvre et s'abstiennent de donner des renseignements ou de suggérer aucune idée à l'un ou à l'autre des partis opposés.

Dans les exercices élémentaires, lorsqu'une portion de la troupe reste spectatrice, les soldats qui la composent doivent prêter à tous les mouvements exécutés devant eux une attention qui ne peut être que profitable à leur propre instruction. Les officiers et les sous-officiers font observer l'ordre et le silence, et expliquent aux hommes, en termes clairs et succincts, les incidents de l'exercice.

La meilleure méthode d'instruction est celle qui amène le soldat à user de son intelligence, et particulièrement à observer, à réfléchir et à se souvenir. On obtient ce résultat en fixant, par les questions qu'on lui pose, son attention sur les détails de l'exercice qu'il voit exécuter.

Dans toutes les applications du service en campagne, on cherchera à développer les notions acquises par les sous-officiers et caporaux dans le cours de topographie pratique (1), et à initier les hommes à la connaissance du terrain, à l'appréciation des distances et à l'orientation. On profitera des facilités offertes par les localités pour instruire aussi souvent que possible les troupes en terrain varié. S'il arrivait même que l'état des cultures forçât à rester en partie sur les chemins, on pourrait encore exécuter la plupart des exercices de détail.

Toutes les fois que la composition des garnisons le permettra, on complétera l'instruction pratique des troupes en faisant concourir les différentes armes à des exercices d'ensemble sur le service en campagne. Ces exercices les prépareront utilement aux manœuvres de corps d'armée.

Indépendamment des prescriptions générales qui viennent d'être énoncées, on devra observer les mesures de détail suivantes :

Les jeunes soldats reçoivent l'instruction pratique du service en campagne dès qu'ils commencent les exercices du deuxième chapitre de la deuxième partie de l'école du soldat.

____

(1) Décision ministérielle du 30 septembre 1874.

Si l'ennemi est représenté ou figuré, les deux partis doivent se distinguer l'un de l'autre par une différence de tenue, autant que possible dans la coiffure.

Pour prévenir les accidents et éviter le désordre, il est interdit aux troupes adverses de se rapprocher à plus de 100 mètres.

Dans aucun cas il ne doit être permis de faire des prisonniers. Les hommes isolés ou les petits détachements qui, par suite du développement de l'action et d'après la décision des arbitres, devraient être considérés comme prisonniers, peuvent toujours se retirer librement.

Lorsqu'il est distribué des cartouches, on recommande aux sentinelles et aux éclaireurs de ne faire usage de leur feu qu'avec modération.

Les sonneries doivent être, comme en campagne, aussi rares que possible, et réservées habituellement pour les signaux généraux.

La sonnerie HALTE ! précédée du *Garde à vous !* est toujours un signal auquel toutes les troupes s'arrêtent dans les positions où elles se trouvent, et se mettent au repos.

La sonnerie EN AVANT ! précédée du *Garde à vous !* est le signal général de la reprise de la manœuvre.

Tout signal général est immédiatement répété par tous les clairons.

L'officier qui dirige un exercice peut seul ordonner des signaux généraux. Ce droit n'appartient aux arbitres que par exception et en cas d'absolue nécessité, pour empêcher des confusions graves ou des désordres.

EXERCICES PRÉPARATOIRES.

*Connaissance du terrain. — Orientation. —
Définitions.*

Avant de faire commencer aux recrues les
exercices pratiques du service en campagne, on
les habitue à se rendre compte des formes du
terrain, on leur en fait connaître le nom, et
on leur apprend à s'orienter et à se diriger en
toute espèce de pays. A cet effet, le chef de section conduit sa troupe sur un terrain quelconque, autant que possible sur un point assez
élevé pour dominer les environs; après avoir
fait former les faisceaux, il signale aux jeunes
soldats les objets qui se trouvent à la surface du
sol, ainsi que les divers accidents du terrain, et
il leur en fait connaître la dénomination ordinaire, ainsi que celle qu'on leur donne habituellement dans le langage militaire.

Ainsi, il appelle leur attention sur les points
suivants :

Terrains. — Pays couvert, découvert, uni, accidenté, plaine, hauteurs, vallées, ravins, bas-
fonds, cultures, etc., etc.

Eaux. — Fleuves, rivières, rive droite, rive
gauche, canaux, fossés d'irrigation, courant, bords,

marés, étangs, sources, fontaines ; ponts, gués et moulins, etc.

Routes. — Chemins, sentiers, nature des routes (ferrées, en déblai, en remblai, de niveau) ; voies ferrées, tunnels, viaducs, talus, largeur, pente, bordures, fils télégraphiques, stations, gares, etc., etc.

Bois. — Forêts, bois, bosquets, taillis, broussailles, vergers, rangées d'arbres, etc., etc.

Lieux habités. — Villes, villages, hameaux, fermes, châteaux ; murs, haies, jardins, etc.

Objets saillants. — Clochers, tours, châteaux, moulins à vent ; arbres isolés, cultures diverses.

Il envoie ensuite à quelque distance des anciens soldats, en leur prescrivant de se rapprocher, de s'éloigner, de se défiler, de se cacher totalement ou en partie après s'être montrés à découvert, et il signale aux recrues les avantages et les inconvénients des points successivement occupés. Il leur fait voir comment on peut se dérober à la vue de l'ennemi, observer ses mouvements sans se montrer, ou s'en approcher sans être découvert, et il leur indique les mesures à prendre pour reconnaître à temps l'approche de l'adversaire.

Il leur apprend la manière de se porter sûrement et rapidement, dans une direction donnée, sur un point indiqué par un objet saillant, soit en suivant le chemin le plus court ou des chemins de traverse désignés, soit en passant par des points de repères marqués dans la campagne.

Il les exerce à transmettre avec clarté et précision un ordre, une nouvelle, un renseignement. Il définit en quelques mots les expressions qui doivent être le plus fréquemment employées dans les exercices, telles que : aile droite, aile gauche, front, centre, flancs, derrières, etc.

Pour ces différentes applications, il se fait aider par les sous-officiers et caporaux, et, au besoin, par quelques anciens soldats.

Les hommes de recrue sont interrogés sur les remarques qu'ils ont pu faire relativement à l'orientation et à la position respective des divers accidents du terrain.

Le chef de section leur donne, à cet effet, quelques notions sur la manière de s'orienter, de jour et de nuit, en pays inconnu. (Détermination des points cardinaux au moyen du lever et du coucher du soleil, de la longueur de l'ombre et de la position du soleil aux différentes heures de la journée ; recherche du nord au moyen de l'étoile polaire ; quartiers de la lune et leur position aux différentes heures de la nuit ; observations sur l'écorce des arbres, sur les surfaces battues le plus ordinairement par la pluie et le vent, sur la mousse, sur le côté où les fourmilières s'abritent du mauvais temps, etc., etc.)

On ne saurait trop recommander aux officiers d'être toujours pourvus d'une boussole de petite dimension, qui leua permettra de diriger leur troupe avec certitude et de rectifier les appréciations inexactes.

Les exercices relatifs à la connaissance du

terrain et à l'orientation ont lieu d'abord sur un terrain peu accidenté; puis on augmente peu à peu les difficultés, en passant à des terrains de plus en plus mouvementés.

Cette instruction se continue pendant la durée des applications du service en campagne, et l'on profite de toutes les occasions pour la développer et la compléter. Mais comme on ne peut arriver aux mêmes résultats avec tous les hommes, les chefs doivent s'attacher à distinguer et à perfectionner ceux qui y montrent le plus d'aptitude, de manière à mettre à profit leurs qualités naturelles pour en faire plus tard des chefs de patrouille.

PREMIÈRE PARTIE.

Instruction pratique sur le service des avant-postes.

—

Instruction de la section.

Cette instruction pratique se donne sous la direction du chef de la section et la surveillance du capitaine. Dans le cas où l'effectif serait trop faible, on réunirait deux sections pour en former une seule.

L'instruction de la section se divise en quatre articles :

Le premier comprend la partie du service des avant-postes qui a trait à l'observation et à la surveillance de l'ennemi ;

Le second renferme les détails du service relatifs aux rondes, patrouilles, parlementaires, déserteurs, etc.

Le troisième est exécuté par deux sections opposées l'une à l'autre ;

Le quatrième comprend le service de nuit.

L'ennemi est toujours figuré ou représenté.

Le nombre des séances affecté à chaque article ne peut être déterminé d'avance : il dépend de la durée de chacune d'elles, du temps et du terrain dont on dispose, et du degré d'intelligence des soldats.

ARTICLE 1er.

Le chef de section divise les anciens soldats dont il dispose en deux groupes ; l'un de ces groupes, commandé par un sous-officier, doit figurer l'ennemi, pendant que l'autre agit sous les yeux des jeunes soldats, qui restent spectateurs.

Le chef de section, accompagné du sous-officier désigné pour commander l'ennemi, reconnaît préalablement le terrain, qui doit se prêter avantageusement à l'établissement d'un petit poste.

Le détachement ennemi est envoyé à l'avance pour prendre position dans un endroit couvert, à quelques centaines de mètres en avant de la ligne que devront occuper les sentinelles.

La section est disposée en ordre de combat ou en ordre de marche, les anciens soldats en tirailleurs ou en éclaireurs, et les jeunes soldats en renfort ou en pointe d'avant-garde. Elle est conduite dans cet ordre sur l'emplacement que le chef de section a choisi pour l'établissement du petit poste. Là on s'arrête ; un gradé établit deux ou trois sentinelles doubles avec les anciens soldats, et les dispose comme elles le seraient réellement à la guerre. S'il reste des anciens, ils rentrent au petit poste composé des jeunes soldats, et l'on se sert d'eux tout d'abord pour relever les sentinelles.

Une fois les faisceaux formés, les jeunes soldats, sous la conduite du chef de section qui leur donne les éclaircissements nécessaires, examinent l'établissement des sentinelles doubles, se rendent compte de la manière dont elles se tiennent en communication entre elles et avec le petit poste, et de la surveillance qu'elles exercent sur le terrain en avant.

Le sous-officier qui commande l'ennemi dirige, suivant les ordres reçus, un détachement contre une des sentinelles doubles. Le chef de section fait remarquer aux jeunes soldats comment agissent la sentinelle attaquée, les sentinelles voisines et les anciens soldats restés au petit poste. Ces derniers prennent immédiatement les armes pour se porter au-devant de l'ennemi, qui se retire alors. Une patrouille rampante suit son mouvement de retraite, et les sentinelles et le petit poste reprennent leurs emplacements.

Le sous-officier qui commande l'ennemi dirige ensuite une patrouille rampante qui est découverte par une des sentinelles doubles. Le chef de section fait remarquer aux recrues la conduite que tiennent les sentinelles dans cette circonstance.

Ces exemples donnés, on fait concourir les jeunes soldats au service des sentinelles, en réunissant un ancien et un jeune soldat en sentinelle double ; on leur apprend comment s'opère ce relèvement, puis on recommence la série des exercices précédents.

Enfin, des jeunes soldats sont placés seuls en sentinelles, les anciens représentant toujours l'ennemi.

On répète ensuite la même série d'exercices

en remplaçant par des postes de quatre hommes les sentinelles doubles et le petit poste. Dans ce cas, le chef de section indique l'emplacement supposé de la grand'garde, et établit, sur la ligne qu'occupaient les sentinelles doubles, des postes de quatre hommes à 200 ou 300 mètres l'un de l'autre. Il montre aux jeunes soldats comment ces postes se relient entre eux et avec la grand'garde, et comment ils se comportent en cas de découverte et d'attaque de l'ennemi.

On profite des exercices qui font l'objet de cet article pour apprendre aux jeunes soldats à transmettre un ordre ou un renseignement.

Le chef de section laisse autant que possible les jeunes soldats agir d'eux-mêmes. Il leur demande les motifs de leur conduite; rectifie, s'il y a lieu, en donnant les explications nécessaires, et fait recommencer les exercices jusqu'à ce qu'ils aient été bien exécutés.

Les dispositions indiquées dans ces exercices n'ont rien d'absolu; les officiers doivent surtout s'attacher à rechercher les circonstances propres à éveiller l'attention et à développer l'intelligence de leurs hommes.

ARTICLE II.

Dans les exercices du deuxième article, on indique aux jeunes soldats la conduite à tenir vis-à-vis des rondes, patrouilles, parlementaires, déserteurs, isolés, etc., et on leur apprend comment ils doivent marcher lorsqu'ils sont eux-mêmes envoyés en patrouille.

Le chef de section assigne aux anciens soldats

le même rôle qu'à l'article précédent ; il fait circuler une ronde sur la ligne des sentinelles, puis envoie une patrouille au delà de cette ligne, en faisant remarquer aux jeunes soldats comment les sentinelles la reconnaissent ainsi que la ronde.

Il leur fait ensuite appliquer ce qui vient d'être exécuté sous leurs yeux, en leur adjoignant d'abord quelques anciens soldats pour les diriger dans le service des sentinelles doubles ; enfin il leur fait faire seuls ce service.

Le chef de section suit la même progression pour montrer aux recrues comment on reçoit des parlementaires, des déserteurs, envoyés par le détachement qui représente l'ennemi, ainsi que les détachements ou les personnes isolées qui veulent franchir la ligne dans un sens ou dans l'autre.

On profite de ces exercices pour apprendre aux jeunes soldats à transmettre à ceux qui les relèvent les consignes et les renseignements qu'ils ont pu recueillir.

Le détachement qui figure l'ennemi établit deux ou trois sentinelles doubles ; le chef de section envoie de son côté une patrouille rampante formée d'anciens soldats. Les jeunes soldats, placés sur un point dominant, observent la marche de cette patrouille, qui se replie aussitôt qu'elle a été découverte par l'ennemi.

On fait ensuite répéter le même exercice par une patrouille composée de jeunes soldats. Le chef de section s'efforce de bien faire comprendre aux hommes que le but des patrouilles est de chercher à découvrir l'ennemi autant qu'on le peut , tout en se gardant de son mieux ; mais que cette douxième considération est complètement subordonnée à la première. On s'attache , dans ces exercices , à reproduire tous les cas qui peuvent se présenter plus ou moins fréquemment à la guerre , tout en évitant avec le plus grand soin les suppositions invraisemblables.

ARTICLE III.

Les sections désignées pour être opposées l'une à l'autre sont commandées par leurs chefs , sous la direction du capitaine , qui fixe le programme de l'exercice, et qui a dû préalablement reconnaître le terrain.

Il est nécessaire , dans les premiers exercices , de déterminer nettement le rôle particulier de chacune des sections , et de ne pas laisser à ceux qui les commandent l'initiative personnelle qu'on pourra leur demander plus tard.

Chacune des sections forme un ou plusieurs petits postes, et place ses sentinelles selon les indications générales données par le capitaine.

Les sentinelles opposées doivent être assez éloignées pour qu'elles puissent se dérober facilement à la vue du parti adverse, comme il arrive le plus souvent à la guerre.

Suivant les instructions qu'elles ont reçues, les patrouilles envoyées par l'un des partis se retirent aussitôt qu'elles sont découvertes par l'autre ; ou bien elles attaquent, soit ses patrouilles , soit la chaîne de ses sentinelles , en se conformant aux principes du combat donnés à l'école du soldat. Le capitaine se transporte sur le lieu de l'action et remplit les fonctions d'arbitre.

On complète cette instruction en faisant tirer aux hommes quelques cartouches à poudre.

Le chef de chacune des sections opposées l'une à l'autre établit un rapport accompagné d'un croquis ; il y indique les positions occupées par son petit poste et ses sentinelles, les directions suivies par les patrouilles envoyées à la découverte de l'ennemi, la distance à laquelle elles se sont avancées, les emplacements occupés par les sentinelles ennemies si elles ont été découvertes, et, dans le cas contraire, les points où les patrouilles opposées se sont rencontrées. Le rapport mentionne toujours l'heure exacte à laquelle les positions ont été occupées, les mouvements exécutés, les renseignements recueillis, etc.

ARTICLE IV.

Lorsque les hommes connaissent bien tous les détails de leur service au petit poste, on répète ces mêmes exercices pendant la nuit, afin de familiariser les soldats avec les difficultés toutes particulières que présente ce service.

On commence par les mener sur un terrain où ils ont été exercés pendant le jour, afin de les habituer aux différences que présente l'aspect des objets le jour et la nuit, et on leur fait répéter les mêmes exercices, en appelant leur attention sur les modifications rendues nécessaires par l'obscurité. Dans les exercices suivants, on conduit la troupe sur un terrain non encore parcouru; elle doit y arriver une heure au moins avant la fin du jour, de manière à pouvoir reconnaître les alentours de ses positions avant de s'y établir.

On répète, pendant la nuit, les exercices prescrits dans les articles précédents; puis le chef de section rallie sa troupe et la porte à une certaine distance pour l'établir comme si elle faisait partie d'avant-postes irréguliers (n° 30), afin d'habituer les hommes à occuper un terrain qu'on n'aurait pu reconnaître pendant le jour.

Instruction de la compagnie.

L'instruction pratique de la compagnie est toujours faite en terrain varié, la compagnie étant supposée former les avant-postes d'un bataillon.

Cette instruction est divisée en trois articles :

Pour exécuter le premier article, on suppose l'ennemi établi dans une direction générale indiquée d'avance.

Pour exécuter l'article II, deux compagnies sont opposées l'une à l'autre.

L'article III comprend le service de nuit.

ARTICLE Ier.

Pour établir la compagnie en grand'garde, on la dispose préalablement en ordre de marche ou en ordre de combat; c'est dans cet ordre qu'elle est conduite sur l'emplacement choisi.

Le capitaine indique :

1°. La direction supposée de l'ennemi; 2° l'emplacement où les troupes à couvrir son censées établies; 3° l'ensemble du terrain que doivent occuper la grand'garde, les petits postes et les sentinelles.

Il arrête sa troupe sur l'emplacement qu'il a choisi. Les éclaireurs ou les tirailleurs se placent provisoirement comme sentinelles, les renforts ou la pointe comme petits postes, le soutien comme grand'garde.

Chacun des échelons reste sous les armes.

Le capitaine envoie de petites patrouilles pour fouiller le terrain en avant de la ligne des sentinelles : sous leur protection il exécute la reconnaissance de la ligne à occuper et détermine le nombre de sentinelles et de petits postes, ainsi que la position, la force et l'emplacement de ces derniers; chaque subdivision va prendre l'emplacement qui lui est assigné, et relève, sur la portion de la ligne qui lui est affectée, les sentinelles qui s'y trouvaient provisoirement établies.

Les sentinelles relevées rejoignent la subdivision à laquelle elles appartiennent.

Lorsque les patrouilles sont rentrées, le capitaine fait prendre à la grand'garde son emplacement définitif; la grand'garde et les petits postes forment les faisceaux.

Le capitaine peut laisser au commandant de chaque petit poste le soin de rechercher l'emplacement le plus favorable à l'établissement de sa troupe ; il rectifie ensuite, explique toujours comment les fautes auraient pu être évitées.

Les différents exercices prescrits à l'article II de l'instruction de la section sont alors répétés, les rondes et les patrouilles étant faites par les hommes des petits postes ou de la grand'garde.

Le capitaine fait ensuite relever les petits postes et les sentinelles ; il ajoute à cette instruction le placement des postes détachés.

Lorsque ces exercices s'exécutent correctement, le capitaine fait changer la ligne des sentinelles et celles des petits postes, en tant que le terrain s'y prête. A cet effet, il ordonne de porter, à une heure déterminée d'avance, les deux premières lignes en avant ou en arrière, à droite ou à gauche. Il indique d'une manière générale la position des nouvelles lignes, ainsi que celle qu'il devra occuper lui-même avec la grand'garde.

ARTICLE II.

Deux compagnies sont opposées l'une à l'autre. Le chef de bataillon fixe le programme de l'exercice.

Chaque compagnie s'établit en grand'garde.

On répète la série des exercices précédemment indiqués, en y ajoutant la rencontre des patrouilles ennemies. Chaque partie envoie des patrouilles rampantes et des patrouilles ordinaires. Pour les détails d'exécution, on se conforme à ce qui a été prescrit à l'article III de l'école de la section.

Le chef de bataillon ordonne ensuite à l'un des partis de faire avancer une section vers un point quelconque de la ligne des sentinelles opposées, dans le but de déterminer un mouvement de retraite de ses sentinelles et de leurs petits postes, et d'obliger la grand-garde ennemie à montrer son emplacement et sa force, en prenant des dispositions défensives; il provoque ainsi un simulacre de combat dans lequel on fait l'application des principes prescrits dans le *Règlement de manœuvres* pour l'école de compagnie; il remplit les fonctions d'arbitre.

ARTICLE III.

Le chef de bataillon fait placer, avant la tombée de la nuit, deux compagnies de grand'garde en face l'une de l'autre: chacune d'elles occupe d'abord une position de jour, puis change son emplacement pour la nuit.

Le chef de bataillon s'assure que le mouvement s'exécute avec les précautions voulues.

On reprend alors, sur les positions de nuit, la série des exercices des deux premiers articles.

Instruction du bataillon.

Cette instruction comprend deux articles : le premier est exécuté par un ou deux bataillons représentant les avant-postes d'un régiment ou d'une brigade.

Dans le deuxième article, on oppose un bataillon à un ou deux autres bataillons.

ARTICLE Iᵉʳ.

Le chef de bataillon, après avoir indiqué la direction de l'ennemi et l'emplacement de la brigade que les avant-postes sont censés couvrir, désigne habituellement deux compagnies pour former la réserve d'avant-postes.

Les deux autres compagnies qui doivent fournir les grand'gardes et les petits postes, se portent en avant et s'établissent comme il est prescrit à l'instruction de la compagnie.

Le chef de bataillon remplit le rôle de commandant des avant-postes et reçoit tous les rapports.

Lorsque le service complet a été exécuté, les compagnies de réserve relèvent les compagnies de grand'garde, qui s'établissent en réserve à leur tour.

On peut également former, avec les quatre compagnies, quatre grand'gardes. Le chef de bataillon s'établit alors, comme commandant des avant-postes, à l'une des grand'gardes du centre.

Quand deux bataillons exécutent cet article, le colonel ou le lieutenant-colonel se conforme aux prescriptions données pour le chef d'un bataillon isolé. Un des bataillons est désigné pour former la réserve d'avant-postes; l'autre s'établit en grand'gardes.

ARTICLE II.

Un bataillon opposé à un ou deux autres s'établit comme il a été indiqué à l'article précédent, et répète les mêmes exercices, en y joignant toujours la découverte et la rencontre de l'ennemi.

Le programme de l'exercice est donné par le colonel ou le lieutenant-colonel. Ces officiers supérieurs remplissent les fonctions d'arbitres dans le combat qui est la suite de cette rencontre.

DÉVELOPPEMENT DES RÈGLES
SERVANT DE BASE A L'INSTRUCTION PRATIQUE.

CHAPITRE PREMIER.

Principes généraux.

1. En campagne, toute troupe stationnée en présence ou dans le voisinage de l'ennemi pourvoit à sa sûreté au moyen d'avant-postes.

En principe, pour prendre ce service de sûreté, cette troupe doit partir de sa formation règlementaire de marche ou de combat, les tirailleurs ou éclaireurs représentant les sentinelles, les renforts ou la pointe d'avant-garde se transformant en petits postes, les soutiens ou la tête d'avant-garde devenant les grand'gardes, et la réserve ou le gros de l'avant-garde tenant lieu du gros des avant-postes.

Dans cette disposition, on est prêt à recevoir l'ennemi ou à marcher à lui, sans avoir rien à changer au service de sûreté tel qu'il est établi.

2.

Il va sans dire d'ailleurs que la densité, la force des différents échelons ne peuvent toujours être les mêmes dans le service de sûreté que dans l'ordre de marche ou de combat. L'obligation, pour relever les sentinelles, de ne donner à la chaîne que le tiers de l'effectif des petits postes; l'étendue du front à couvrir, qui varie suivant le plus ou moins de concentration des troupes, sont autant de causes qui exercent leur influence sur la répartition des forces dans les différents cas; mais, au moment où l'on se trouve en présence de l'ennemi, il n'en est pas moins vrai que c'est l'ordre de marche ou de combat qui doit servir de point de départ pour prendre le service de sûreté, de sorte qu'on puisse à chaque instant passer de l'un à l'autre sans trouble et sans dérangement.

Les avant-postes ont pour mission :

1° De protéger la troupe qu'ils couvrent contre toute surprise, et de lui donner le temps de prendre ses dispositions de combat.

2° De fournir à cette troupe des renseignements sur la position, les mouvements et les projets de l'adversaire.

Dans ce but, le service des avant-postes se divise en deux parties : l'une fixe et l'autre mobile.

Généralement, la cavalerie concourt avec l'infanterie au service de la partie mobile, ainsi qu'il sera expliqué au chapitre X, *Infanterie en combinaison avec d'autres armes;* toutefois, une troupe d'infanterie pouvant être appelée à opérer isolément, on a tracé les règles qu'elle aurait à suivre dans ce cas pour se renseigner sur la position et les mouvements de l'ennemi.

La *partie fixe* comprend généralement trois lignes : celle des sentinelles, celle des petits postes et celle des grand'gardes, c'est-à-dire une série d'échelons d'autant plus compacts qu'ils sont plus rapprochés du corps principal.

Dès que la troupe à couvrir est de la force d'une brigade, ses lignes d'avant-postes comprennent en outre une réserve dont la force est habituellement égale à celle des trois premières lignes réunies (1).

L'étendue du front à garder, la nécessité de renforcer spécialement tel ou tel point dangereux de la ligne, enfin diverses circonstances particulières, sont autant d'éléments qui peuvent faire varier la force des avant-postes.

Les sentinelles sont placées en première ligne pour observer l'ennemi et avertir de ses mouvements; elles ont le sac au dos et sont accolées par deux. Chaque groupe se nomme *sentinelle double*.

Les petits postes sont destinés à fournir les sentinelles et à les soutenir en opposant une première résistance en cas d'attaque. Leur force varie entre une escouade et une section.

---

(1) L'appellation de grand'garde, tout en s'appliquant d'une manière générale à l'ensemble des trois premiers échelons, désigne plus spécialement le troisième : celui qui détache et soutient les petits postes et les sentinelles. Le nom d'avant-postes convient à l'ensemble des troupes qui concourent au service de sûreté.

Les grand'gardes ont pour mission de fournir et de renforcer au besoin les petits postes, de les recueillir lorsqu'ils sont repoussés, et d'arrêter l'ennemi assez longtemps pour que les troupes en arrière puissent prendre leurs dispositions de combat.

La force de chaque grand'garde, y compris les sentinelles et les petits postes qu'elle détache, est habituellement d'une compagnie.

Éventuellement, les avant-postes établissent des postes détachés qui ont pour mission d'occuper des points importants situés soit sur la ligne des sentinelles, soit en dehors de cette ligne.

La *partie mobile* du service des avant-postes comprend les patrouilles et les rondes.

Les patrouilles sont des détachements de force variable, qui vont au delà des sentinelles fouiller le terrain, observer les positions et les mouvements de l'ennemi, recueillir des renseignements sur son compte et inquiéter les explorations qu'il peut entreprendre. Elles servent aussi à établir la liaison avec les postes des corps voisins. Les patrouilles constituent un élément indispensable des avant-postes, et leur service, s'il est bien dirigé, peut donner les résultats les plus importants.

On distingue dans le service des avant-postes trois espèces de patrouilles :

1° Les patrouilles rampantes ou petites patrouilles ;

2° Les patrouilles ordinaires, dont la force peut varier d'une escouade à une demi-section (10 à 20 hommes) ;

3º Enfin les patrouilles de reconnaissance, dont l'effectif peut s'élever jusqu'à une compagnie ; ces dernières ne sont autres que les reconnaissances journalières.

En général, le champ d'exploration de ces patrouilles est d'autant plus étendu que leur effectif est plus considérable.

Les rondes n'ont qu'un rôle de surveillance et de vérification. Elles parcourent le terrain occupé par les petits postes et les sentinelles, pour s'assurer que le service s'y fait exactement.

Les avant-postes sont toujours composés de fractions constituées (section, compagnie, bataillon) sous les ordres de leur chef ; leur force varie du quart au sixième de l'effectif total de la troupe ; elle est réglée par les généraux ; dans les corps ou fractions détachées, ce droit appartient à l'officier qui en a le commandement.

Les distances et intervalles entre les divers éléments qui composent la partie fixe des avant-postes varient en raison de la configuration du terrain, de la proximité de l'ennemi et de la force de la troupe à couvrir. Mais, en principe, les distances entre ces différents échelons sont déterminées d'après les données suivantes :

Il faut qu'ils se prêtent un mutuel appui ;

Que leur retraite ne soit pas compromise ;

Qu'ils protégent le corps principal contre les coups de l'artillerie ennemie, en maintenant celle-ci à 3,000 mètres au moins du corps à couvrir ;

Que la troupe en arrière ait le temps, pendant

qu'ils résistent , de prendre ses dispositions de combat. Cette dernière condition exige pour l'infanterie environ de 5 à 10 minutes , durant lesquelles la cavalerie ennemie peut parcourir de 2,000 à 3,000 mètres.

En admettant que les sentinelles puissent surveiller suffisamment le terrain jusqu'à 500 mètres en avant, on peut d'une manière générale indiquer pour les avant-postes d'un régiment ou d'une brigade les distances suivantes :

1° Les petits postes à 200 ou 300 mètres en arrière des groupes de sentinelles doubles , qui conservent entre eux 200 ou 300 mètres d'intervalle ; cet intervalle est augmenté ou diminué, suivant que le terrain est plus ou moins découvert ; pendant la nuit, les sentinelles sont au besoin rapprochées les unes des autres. Afin que la troupe à couvrir soit protégée non-seulement sur le front, mais sur les flancs, on donne , autant que possible , à la ligne des sentinelles la forme d'un arc de cercle ;

2° Les grand'gardes à 400 ou 500 mètres en arrière des petits postes et à 600 ou 800 mètres de la réserve ;

3° La réserve à 1,000 ou 1,200 mètres du corps principal.

Ces distances n'ont rien d'absolu ; elles varient suivant les circonstances et la nature du pays , et peuvent être changées pendant la nuit ; elles le sont également dans les pays fourrés, coupés ou montagneux , surtout quand l'ennemi est favorisé par les habitants. Si le corps principal se compose des trois armes ou s'il est plus considérable qu'une brigade, le système d'avant-postes s'étend jusqu'à 4 ou 5 kilomètres en avant.

La durée du service aux avant-postes est habituellement de vingt-quatre heures, et, dans le but d'éviter des allées et venues inutiles, il y a intérêt à faire concourir, pendant ce laps de temps, les mêmes fractions au service d'avant-postes et à celui d'avant-gardes.

Le relèvement du service a lieu le plus souvent le matin, ou au moment du départ lorsqu'on se met en route. Cependant le général commandant ou le chef d'un corps détaché peut modifier ces dispositions quand il le juge convenable pour tromper l'ennemi ou pour diminuer la fatigue des troupes.

Une troupe aux avant-postes ne rend pas d'honneurs ; elle n'est jamais suivie de ses bagages.

On évite aux avant-postes, et surtout sur la chaîne des sentinelles, tout bruit inutile qui pourrait donner l'éveil à l'ennemi.

CHAPITRE II.

Sentinelles.

—

Devoirs des sentinelles.

2. Les sentinelles ayant pour objet principal d'observer l'ennemi et d'avertir de ses mouvements, on les place, sans toutefois interrompre la chaîne qu'elles forment, sur des points d'où elles puissent bien observer le terrain environnant et découvrir au loin. En principe, deux groupes voisins de sentinelles doivent s'apercevoir réciproquement. S'ils ne peuvent le faire, il faut au moins que chacun d'eux découvre une portion du terrain embrassé par l'autre, afin que personne ne puisse passer entre eux sans être vu. Les sentinelles sont, autant que possible, dérobées à la vue de l'ennemi par un mur, un arbre, une éminence ou un pli de terrain, dont elles ne dépassent le plan que de la tête. L'avantage d'observer et de ne point être vu ne doit jamais être sacrifié à celui d'apercevoir plus au loin.

On cherche, pour le placement des sentinelles, à profiter des grandes lignes, haies, cours d'eau, chemins, allées plantées, etc., dont la direction serait à peu près parallèle au front des troupes à couvrir. Cette disposition facilite à la fois l'établissement des sentinelles et la surveillance du terrain. On cherche à les porter au delà des lieux couverts, tels que bois, hautes bruyères, etc., où l'ennemi pourrait se glisser. Au besoin, on profite de ces abris pour les y placer et empêcher l'ennemi d'y pénétrer.

L'un des deux hommes placés en sentinelle double observe, tandis que l'autre parcourt les sinuosités, les replis du terrain, les escarpements des chemins creux, et assure la communication avec les sentinelles voisines. Les sentinelles ainsi appelées à faire un service mobile et analogue à celui des patrouilles se reconnaissent à l'aide de signaux convenus et des mots d'ordre et de ralliement.

En arrière de la première ligne, les sentinelles étant très rapprochées des postes qui les fournissent, sont ordinairement simples.

Les sentinelles sont placées la première fois par le commandant du petit poste, qui, tout en cherchant à donner à leur ligne une certaine uniformité d'intervalles et de distances, les établit de préférence sur les routes et les chemins qui conduisent dans la direction supposée de l'ennemi. Celles des ailes se relient sans retard avec les sentinelles des petits postes voisins.

Leur relèvement se fait habituellement toutes les deux heures; il a lieu toutes les heures pendant la nuit et lorsque la température est rigoureuse.

On affecte autant que possible les mêmes hommes au service des mêmes sentinelles doubles, afin qu'ils aient plus de facilité pour surveiller un terrain qu'ils connaissent déjà.

Toute sentinelle qui est relevée indique à celle qui la remplace ce qu'elle a vu et les consignes qu'elle a reçues; elle lui fournit tous les renseignements qui peuvent faciliter l'exécution du service. En rentrant au petit poste, la sentinelle fait son rapport.

Les sentinelles sont constamment attentives de l'œil et de l'oreille dans la direction marquée par le chef de poste; elles surveillent spécialement les routes; elles doivent agir avec calme, sans-froid, et ne pas oublier que leur vigilance assure leur propre sécurité en même temps que celle des troupes en arrière; les armes des sentinelles sont toujours chargées.

Elles ne rendent pas d'honneurs, ne se laissent pas distraire de leur service d'observation par l'apparition d'un supérieur, et se bornent à répondre aux questions que celui-ci peut leur adresser.

Les sentinelles recherchent avec soin les indices qui peuvent fournir d'utiles renseignements et observent particulièrement les suivants :

Indices.

3. Les nuages de poussière qui s'élèvent régulièrement au loin sont généralement soulevés par une colonne en marche, et l'on peut conclure de leur direction, de leur hauteur et épaisseur, la direction de la marche de cette colonne, et même l'espèce des troupes qui la composent.

L'intensité de la fumée pendant le jour, l'éclat et le nombre des feux pendant la nuit, sont aussi des indices dont on doit tenir compte; mais il ne faut pas oublier que l'ennemi allume quelquefois des feux nombreux pour dissimuler un mouvement de retraite.

Le roulement des voitures, le claquement des fouets, le hennissement des chevaux, les aboiements prolongés des chiens dans un village, indiquent généralement un passage de troupes.

Les traces de pas, les empreintes laissées par les fers des chevaux ou les roues des voitures peuvent servir à reconnaître la direction suivie

par les colonnes ennemies, leur composition, leur
ordre de marche et leur force.

L'inquiétude des habitants, leur insolence, si
l'on est en pays hostile, sont des preuves à peu
près certaines de l'approche de l'ennemi.

Lorsqu'elles ont recueilli quelque indice, les
sentinelles préviennent, par un signe convenu
d'avance, leur petit poste, dont le chef vient
reconnaître ; elles rendent compte aux rondes et
patrouilles ; pendant la nuit, l'une des sentinelles
va prévenir le poste, tandis que l'autre continue
d'observer.

Personnes se présentant pour franchir la ligne
des avant-postes.

1. Les sentinelles ne laissent franchir leur ligne
qu'à des chefs connus d'elles, ou à des personnes
accompagnées par un homme, ou, de préférence,
un caporal du petit poste.

Lorsque quelqu'un venant de l'intérieur ou de
l'extérieur s'approche d'une sentinelle double, l'un
des deux hommes s'avance et crie : HALTE-LA ! Si
la personne s'arrête, la sentinelle lui demande
qui elle est, ce qu'elle veut. Si l'on continue de
marcher, le cri HALTE-LA ! est répété une seconde
fois, et si l'on ne s'arrête pas à cette nouvelle
injonction, ou si l'on cherche à s'enfuir, la sentinelle fait feu.

La personne qui s'est arrêtée est conduite par
un homme jusqu'au petit poste.

Si plusieurs individus se présentent, la sentinelle agit de même ; mais après avoir crié :

Halte-là! elle fait avancer un de ceux qui composent le groupe. Les personnes ainsi arrêtées sont ensuite conduites au petit poste. Si elles sont nombreuses, le petit poste prévenu les envoie chercher.

La sentinelle simple arrête de la même manière toute personne qui se présente, et prévient le petit poste par un signal.

Déserteurs.

5. Lorsqu'une sentinelle aperçoit un soldat qui cherche à déserter et qu'elle ne peut le joindre, elle fait feu sur lui; si elle parvient à l'arrêter, elle le conduit ou le fait conduire au petit poste.

Si des déserteurs ennemis se présentent, la sentinelle les arrête à 100 mètres, et leur ordonne ou leur fait signe de déposer leurs armes, d'attacher leurs chevaux ou de les dessangler, et de s'en éloigner de quelques pas : ces déserteurs sont ensuite conduits au petit poste. Leurs chevaux sont ramenés et leurs armes rapportées soit par les sentinelles quand celles-ci sont relevées, soit par des hommes envoyés du petit poste. Si les déserteurs se présentent en grand nombre, on ne les laisse approcher que successivement.

Parlementaires.

6. Lorsqu'un parlementaire s'annonce par les formalités d'usage, c'est-à-dire par le port d'un drapeau blanc et par des appels de trompette.

les sentinelles le font arrêter à 100 mètres de la ligne, préviennent immédiatement le petit poste. Le parlementaire et le trompette restent à l'endroit où ils ont été arrêtés, et font face à l'extérieur, jusqu'à l'arrivée du commandant du petit poste. Les sentinelles ne communiquent en aucune façon avec eux.

Découverte de l'ennemi.

7. Lorsqu'une troupe ennemie s'approche d'une sentinelle double, l'un des deux hommes avertit rapidement le petit poste, pendant que l'autre continue d'observer en se dissimulant le plus possible.

Si l'ennemi continue à s'avancer, la chaîne résiste et cherche à l'arrêter; si elle ne le peut, elle se replie lentement, tout en combattant, sur le petit poste.

Si l'ennemi se précipite résolûment sur les sentinelles ou s'il les surprend, celles-ci font feu à plusieurs reprises, alors même que toute défense serait inutile; le salut commun peut en dépendre. Elles rejoignent ensuite le petit poste par un circuit et sans perdre de vue l'ennemi.

Service de nuit.

8. Pendant la nuit, les sentinelles peuvent être rapprochées des petits postes. On les place près des endroits qu'elles doivent observer, tels que chemins, ponts, carrefours, etc., et de préférence sur les points élevés, d'où elles percevront mieux les bruits qui viennent du côté de l'ennemi. Dans les nuits claires, et en terrain découvert, il est quelquefois avantageux de les placer dans les lieux bas, pour qu'elles distinguent mieux ce qui vient d'en haut.

En tout cas, elles doivent se fier plus à leurs oreilles qu'à leurs yeux ; pour écouter plus facilement tout ce qui pourrait trahir l'approche de l'ennemi, elles ne s'enveloppent jamais la tête ; on évite de les placer près des moulins, écluses, cours d'eau rapides, usines, dont le bruit les empêcherait d'entendre. Les sentinelles ne fument pas et gardent le plus grand silence ; elles choisissent un point de repère fixe et apparent dans la direction qu'elles doivent observer, pour ne pas se tromper sur l'orientation.

En dehors des rondes et des patrouilles, personne ne doit franchir la ligne des sentinelles ni pour entrer ni pour sortir, à moins d'un ordre particulier du commandant de la grand'garde. On fait feu sur tout individu qui tenterait de forcer cette consigne.

Si l'on entend des coups de feu sur un point de la ligne, un homme de chacun des groupes les plus voisins de sentinelles se porte, sans trop s'éloigner, dans la direction de ces coups de feu pour en connaître la cause ; mais dans aucun cas, les deux hommes du même groupe ne peuvent quitter en même temps l'emplacement qu'ils occupent.

Manière de reconnaître une troupe, une ronde
ou une patrouille.

9. En plein jour, lorsque la sentinelle connaît personnellement les hommes d'une troupe, d'une ronde ou d'une patrouille, elle les laisse passer sans les arrêter et sans aucune formalité de reconnaissance.

Mais pendant la nuit ou lorsque la sentinelle conçoit quelque doute, elle arme son fusil et crie : HALTE-LA ! Si l'on ne s'arrête pas, elle répète une seconde fois : HALTE-LA ! et si l'on n'obéit pas à cette nouvelle injonction, elle fait feu. Si l'on s'arrête, elle crie : QUI VIVE ? et lorsqu'on a répondu : *France, ronde ou patrouille*, et fait le signal convenu, la sentinelle dit : AVANCE A L'ORDRE ! Un homme se porte en avant; la sentinelle l'arrête à quelques pas, reçoit le mot d'ordre et donne en échange le mot de ralliement. Ces mots doivent être prononcés le plus bas possible.

En principe, il faut arrêter une troupe à une distance d'autant plus grande que cette troupe est plus nombreuse. Le petit poste doit être prévenu immédiatement de l'approche de toute troupe armée.

Il peut arriver qu'une troupe rentrant dans les lignes n'ait pas connaissance du mot. La sentinelle l'arrête à distance et prévient immédiatement le chef du petit poste, qui vient s'assurer de l'identité de cette troupe. Celui qui n'a pas le mot, quel que soit son grade, doit se soumettre à toutes les questions que le commandant du petit poste croit convenable de lui poser pour sa garantie.

Lorsqu'on est à proximité de l'ennemi, des signaux peuvent remplacer les cris de HALTE-

LA ! et de QUI VIVE ? pour reconnaître des rondes et des patrouilles. Dans ce cas, les sentinelles font les premières un signal ; il leur est répondu par le signal convenu. En outre, pour se reconnaître, les hommes d'un même régiment échangent leurs noms, le numéro de leur compagnie, etc.

Quand deux sentinelles se croisent pendant la nuit, elles se reconnaissent suivant les mêmes principes ; la première qui aperçoit l'autre crie : HALTE-LA ! ou fait le signal convenu.

CHAPITRE III.

Petits postes.

—

Devoirs du petit poste.

10. Le petit poste est établi en arrière du centre de la ligne des sentinelles, de manière à pouvoir les soutenir et les recueillir au besoin, et de préférence près d'un chemin, afin qu'on puisse le trouver facilement.

Le terrain le plus favorable pour l'emplacement d'un petit poste est celui qui permet une communication facile, d'une part avec les sentinelles, et de l'autre avec la grand'garde, et qui, tout en offrant un abri au petit poste, ne l'empêche pas d'exercer sa surveillance.

Le petit poste est habituellement relevé par la grand'garde une fois dans la journée, le matin ou le soir un peu avant la tombée de la nuit, assez à temps pour que la garde montante

puisse s'orienter et se reconnaître sur le terrain.

Le chef du petit poste reçoit du commandant
de la grand'garde des instructions détaillées
sur le service et la surveillance dont il est chargé,
et des indications générales sur la conduite qu'il
doit tenir en cas d'attaque de l'ennemi et de
retraite forcée. Il est avisé de l'emplacement
des postes voisins et des nouvelles que l'on a
de l'ennemi. Il note sur son carnet les instructions principales, compare les indications qu'on
lui donne au sujet du terrain avec celles de sa
carte, et demande les éclaircissements qui lui
paraissent nécessaires. Il reçoit le mot d'ordre et
le mot de ralliement.

Lorsqu'il est pénétré du but de sa mission,
il conduit sa troupe en la couvrant par une
pointe et des flanqueurs vers le centre du terrain
à occuper, qu'il étudie avec soin tout en marchant. Il désigne les trois quarts environ de l'effectif de sa troupe pour le service des sentinelles,
et le reste pour celui des patrouilles rampantes
qu'il devra fournir, réservant à ces dernières les
sous-officiers, les caporaux et les soldats les plus
intelligents.

Les hommes destinés au service des sentinelles
sont répartis en quatre poses qui se relèvent successivement. Les sentinelles doubles sont numéro-
tées de la droite à la gauche.

Le chef du petit poste laisse sa troupe sous
les armes aux ordres d'un sous-officier ou d'un
caporal, et dans un emplacement provisoire; il
envoie des patrouilles de trois hommes à quel-

ques centaines de mètres en avant; puis, accompagné du caporal de l'escouade à laquelle appartiennent les sentinelles, il va placer lui-même celles de la première pose. En les établissant, il donne des indications sur la position et les entreprises probables de l'ennemi; il montre les voies de communication, les villages, les points topographiques marquants; indique les distances auxquelles se trouvent les objets qui peuvent servir de points de repère pour le tir, donne le mot d'ordre et le mot de ralliement, et convient des signaux qui peuvent être faits suivant les circonstances. Il s'assure que le caporal et les sentinelles ont bien compris ses différentes instructions, qui doivent être aussi brèves que précises.

Le chef du petit poste revient ensuite au gros de sa troupe et le conduit à l'emplacement définitif que l'inspection du terrain lui a fait juger être le plus convenable. Les chemins choisis pour aller du petit poste aux sentinelles doivent être, autant que possible, dérobés à la vue de l'ennemi.

Immédiatement après, il envoie des patrouilles vers les petits postes voisins afin de se mettre en communication avec eux.

Lorsque les patrouilles envoyées du côté de l'ennemi avant le placement des sentinelles sont rentrées et qu'elles ont fait leur rapport, la troupe forme les faisceaux et le chef-de poste fait connaître au commandant de la grand'garde les emplacements qu'il a choisis. Il lui adresse en outre des rapports le soir et le matin aux heures qui lui ont été fixées, et rend compte de tout événement important.

Au petit poste, les hommes gardent leur équipement.

La troupe ne doit pas allumer de feux.

Pendant le jour, on désigne alternativement pour se reposer autant d'hommes que les circonstances le permettent; pendant la nuit, tout le monde veille. Un factionnaire est placé à quelques pas en avant du petit poste; il prévient de tout ce qui se passe sur la ligne des sentinelles, et de tous les incidents qu'il peut remarquer.

Lorsqu'une ou plusieurs personnes, venant de l'intérieur et munies d'un laissez-passer, se présentent au chef du petit poste, celui-ci, après avoir vérifié l'authenticité du laissez-passer, ainsi que le nombre et l'identité des personnes qui s'y trouvent mentionnées, fait accompagner celles-ci par un caporal jusqu'à la ligne des sentinelles; il en rend compte sur son rapport.

Les personnes venant de l'extérieur et arrêtées par les sentinelles sont conduites au chef du petit-poste, interrogées par lui, et, s'il y a lieu, envoyées au commandant de la grand'-garde.

Déserteurs.

11. Le chef du petit poste fait conduire à la grand'garde les déserteurs ennemis, ainsi que tout soldat arrêté dans une tentative de désertion.

Toutes les fois qu'un homme passe à l'ennemi, le chef du petit poste change immédiatement les signaux de reconnaissance. Le commandant de la grand'garde est informé sans retard.

Parlementaires.

12. Quand un parlementaire de l'ennemi est annoncé par les sentinelles, le commandant du petit poste va le reconnaître, et, sans communiquer ni laisser communiquer avec lui, fait prévenir immédiatement le commandant de la grand'garde. S'il a été défendu de recevoir un parlementaire ou les dépêches dont il est porteur, le chef du petit poste le renvoie immédiatement.

Découverte de l'ennemi.

13. Lorsque les sentinelles annoncent, par des coups de feu ou autrement, l'approche de l'ennemi, le chef du petit poste fait prendre les armes sans bruit, en évitant de se faire voir, et de sa personne se porte en avant pour reconnaître ce qui se passe; si la troupe ennemie est de quelque importance, il prévient le commandant de la grand'garde; si l'adversaire n'est pas en forces trop supérieures, le petit poste renforce la chaîne lorsqu'elle est restée de pied ferme, ou bien se porte au-devant d'elle et la ramène à l'ennemi lorsqu'elle a été obligée de se replier.

Quand il est forcé de se retirer, il recueille ses sentinelles, opère sa retraite lentement en défendant le terrain pied à pied, et suit le chemin qui lui a été indiqué par le commandant de la grand'garde et qu'il a dû reconnaître d'avance.

Si l'ennemi est repoussé, on le fait suivre par des patrouilles pour savoir où il s'arrête ; ces patrouilles ne doivent pas dépasser une limite qui leur est indiquée. Le petit poste reprend ensuite son emplacement primitif, mais le change bientôt après. Son chef informe le commandant de la grand'garde.

Service de nuit.

14. Il est quelquefois indispensable de changer la position d'un petit poste pendant la nuit. Dans ce cas, son chef reconnaît à l'avance le nouvel emplacement, et fait exécuter le mouvement sans bruit, en le dérobant à la connaissance de l'ennemi. Dès que le petit poste est établi dans sa nouvelle position, il fait relever ses sentinelles.

Pendant la nuit, les hommes veillent et sont prêts à prendre les armes.

Postes de quatre hommes.

15. Dans un terrain fourré et très accidenté, la disposition des deux premières lignes, telle qu'elle vient d'être expliquée, pourrait avoir l'inconvénient de laisser les sentinelles hors de la vue des groupes voisins et du petit poste, et d'empêcher même celui-ci de leur porter secours en temps utile. Afin de donner à la première ligne plus de sécurité et de force de résistance.

on remplace les petits postes et les sentinelles doubles par une série de postes de quatre hommes fournis par la grand'garde et commandés par un caporal ou un chef de patrouille. Un des hommes est placé en sentinelle simple ; les autres s'assoient ou se couchent à une cinquantaine de pas au plus en arrière, en se dissimulant de leur mieux. Le chef de poste les emploie pour maintenir ses communications avec les postes voisins, et avec la grand'garde distante de 300 à 400 mètres.

La sentinelle est relevée toutes les heures, les postes toutes les quatre heures ; les hommes observent le silence et ne fument pas.

Cette disposition en elle-même est moins solide que celle qui est généralement adoptée, car elle supprime un des échelons des avant-postes ; mais les terrains auxquels elle s'adapte, habituellement propres à la défensive, compensent cet inconvénient. Dans ces conditions il sera souvent nécessaire de fractionner une compagnie en deux grand'gardes.

Ces postes ne fournissent pas de patrouilles rampantes ; elles sont alors envoyées par la grand'garde.

CHAPITRE IV.

Grand'gardes.

—

Devoirs des grand'gardes.

16. Le nombre et la force des grand'gardes sont réglés par les généraux. Dans les corps ou fractions détachées , ce droit appartient à l'officier qui en a le commandement. Les emplacements sont indiqués par les généraux ou leurs chefs d'état-major.

S'il n'y a pas de débouchés qu'il faille principalement surveiller ou défendre, la grand'garde est établie, autant que les circonstances et les localités le permettent, au centre du terrain qu'elle doit observer, dans quelque endroit couvert se prêtant à la défensive, élevé même s'il est possible, afin que l'ennemi ne puisse pas juger de sa force, et cependant soit aperçu de loin.

Les instructions sur l'emplacement de la grand'garde et sur le service particulier qu'elle peut être appelée à fournir sont données à son chef, ainsi que le mot, par le chef de bataillon commandant les avant-postes de la brigade, et, pour une troupe moins considérable, par le commandant de cette troupe.

Le commandant de la grand'garde, lorsqu'il s'agit d'un premier service, c'est-à-dire s'il ne va pas relever une troupe déjà placée, reconnaît promptement, et en prenant les précautions de sûreté nécessaires, le terrain qu'il est chargé de couvrir; il fait prendre, à cet effet, à sa troupe la formation usitée pour une avant-garde, ou, si l'on est dans le voisinage de l'ennemi, la formation de combat. De cette manière, les différents échelons qui doivent constituer le système d'avant-postes se trouvent, au moment où l'on s'arrête, disposés dans un ordre à peu près normal.

La grand'garde est divisée en deux parties : une moitié fournit la ligne des sentinelles et celle des petits postes ; l'autre, formant le troisième échelon ou la grand'garde proprement dite, constitue leur soutien sous le commandement direct du chef de la grand'garde. Cette deuxième moitié est chargée du service des rondes et des patrouilles ordinaires.

Un commandant de grand'garde ne doit jamais perdre de vue que c'est sur lui que repose en partie la sécurité de l'armée, et que tout manque de vigilance de sa part peut entacher son honneur ; sa surveillance sera d'autant plus efficace qu'il connaîtra mieux le terrain qu'il occupe et celui qui le sépare de l'ennemi. Son premier soin doit donc être d'étudier sur la carte le terrain qu'il est chargé de couvrir ainsi que ses abords. Il observe en outre avec la plus grande attention la partie du pays qu'il traverse ; il étudie ses formes et ses accidents, le moyen de les utiliser pour empêcher l'approche de l'ennemi, les directions à suivre en cas de retraite et les obstacles à éviter.

Il détermine l'espace que doit couvrir chaque petit poste, assigne à la grand'garde son emplacement définitif, et fixe les heures des patrouilles.

Si l'on est à proximité de l'ennemi, la grand'garde reste sous les armes jusqu'à ce que les petits postes soient mis en communication avec elle.

Les petits postes et sentinelles étant établis, le premier soin du commandant d'une grand'-

garde est de les visiter en détail et de compléter par une reconnaissance personnelle les indications qu'il a puisées dans l'étude de la carte. Il se fait amener les gens du pays qu'on peut trouver dans le voisinage, prend auprès d'eux des renseignements sur la position et les forces de l'ennemi, et leur demande les noms des villages situés en avant des lignes; où conduisent les chemins qui sont devant les postes; si l'on peut y passer avec des voitures; si l'ennemi peut s'approcher des postes par d'autres chemins. Il s'informe s'il existe dans les environs des défilés, des marais, des étangs, des rivières, se fait bien indiquer leur situation ainsi que celle des ponts, des gués et des routes par lesquels on peut déboucher. Il interroge autant que possible plusieurs habitants séparément afin de contrôler leurs assertions. Il rectifie, s'il y a lieu, d'après ces renseignements, la position des petits postes et celle des sentinelles.

Il transmet sans retard au commandant des avant-postes, ou, à son défaut, au commandant de la troupe à couvrir, les rapports des petits postes, en y joignant ses observations personnelles.

Les grand'gardes doivent toujours être prêtes à prendre instantanément les armes, et à marcher, même la nuit.

Il peut être permis aux grand'gardes d'allumer des feux et de faire la soupe; ces feux doivent être tels que leur éclat ou leur fumée ne puisse faire connaître l'emplacement de la troupe. Lorsqu'on n'a pu se placer derrière un mur, une éminence ou quelque autre rideau, on masque, du côté de l'ennemi, l'emplacement des feux au moyen de branchages, de portes renversées, etc. On prépare à l'avance du gazon ou de la terre mouillée auprès de chaque feu, afin de pouvoir l'éteindre subitement, s'il est nécessaire.

Il appartient à la grand'garde de pourvoir les petits postes des aliments dont ils ont besoin. Si la grand'garde ne peut faire de feux, la soupe est faite à la réserve des avant-postes ou au corps principal.

Consigne des grand'gardes.

17. Les grand'gardes ont des consignes relatives aux motifs particuliers pour lesquels elles sont placées; elles ont, en outre, une consigne qui leur est commune, et qui consiste à informer les postes voisins et les corps en arrière de la marche et des mouvements de l'ennemi, ainsi que des attaques qu'elles ont à craindre ou qu'elles sont occupées à soutenir.

Elles ne reçoivent de consigne spéciale que des généraux, du chef d'état-major de la division, du commandant des avant-postes et, dans les corps détachés, du commandant de la troupe à couvrir. Le commandant de la grand'garde doit communication de ces consignes aux officiers de l'état-major du corps d'armée ou de la division et au commandant de la troupe immédiatement en arrière. Il leur fournit tous les renseignements qui lui sont demandés.

Tout laissez-passer, délivré pour entrer dans

les lignes ou pour en sortir, doit lui être pré-
senté par le porteur en personne; il prend note
de son nom ainsi que de celui du signataire du
laissez-passer afin de pouvoir en rendre compte.
Les personnes qui sortent sont accompagnées
et dirigées sur le poste par lequel doit s'effectuer
leur sortie.

Si le mot a été surpris par l'ennemi ou si une
désertion fait craindre qu'il ne soit livré, le commandant de la grand'garde s'empresse d'en donner
un autre qu'il fait immédiatement connaître au
commandant des avant-postes, aux postes voisins
et à la troupe en arrière.

Déserteurs.

18. Les déserteurs ennemis, amenés au
commandant de la grand'garde, sont interrogés
sommairement; on leur demande le numéro
du régiment, de la brigade et de la division dont
ils font partie, les derniers emplacements occupés,
les bruits qui circulaient au moment de leur
départ.

Si les déserteurs sont nombreux et s'ils lui sont
amenés pendant la nuit, le commandant de la
grand'garde leur assigne une place à quelque
distance de son poste, les fait surveiller et même
attacher au besoin; au jour, il les fait conduire
au commandant des avant-postes ou au chef de
la troupe qu'il couvre.

Parlementaires.

19. Lorsque le commandant de la grand'-
garde est prévenu de l'arrivée d'un parlemen-

taire, il se porte sur la ligne des sentinelles, donne reçu des dépêches, les expédie immédiatement, et congédie sur-le-champ le parlementaire. En principe, un parlementaire ne dépasse jamais la ligne des sentinelles; toutefois, s'il demande à faire une communication verbale et si, par exception, le général en chef a donné l'ordre de le recevoir, le commandant de la grand'garde lui fait bander les yeux et l'envoie au quartier général, accompagné d'un officier. Le trompette, les yeux bandés également, est retenu au petit poste pour y attendre le retour du parlementaire.

On doit parler le moins possible aux parlementaires et aux hommes qui les accompagnent, et l'on évite avec le plus grand soin qu'il soit tenu auprès d'eux des propos dont ils pourraient tirer quelque indication.

Il est des cas où le parlementaire doit être retenu temporairement; par exemple, quand il a pu recueillir des renseignements qu'il importe de laisser ignorer à l'ennemi, ou quand il a surpris l'armée dans l'exécution de quelque mouvement.

Prisonniers.

20. Les prisonniers faits aux avant-postes, et envoyés au commandant de la grand'garde, sont interrogés de suite, parce qu'ils sont généralement troublés au moment de leur capture et n'ont pas eu le temps de se mettre en garde. Quelque défiance que l'on doive avoir de ces réponses, le commandant de la grand'garde les

adresse sous pli cacheté au commandant des avant-
postes, qui, après en avoir pris connaissance, les
transmet au général de brigade.

Conduite en cas d'attaque.

21. Aussitôt qu'une grand'garde se trouve
attaquée ou se voit menacée de l'être, elle prévient les troupes en arrière. Le commandant de
la grand'garde fait prendre les armes, et se
porte de sa personne dans la direction de l'attaque; s'il a devant lui des forces supérieures,
il se défend avec la plus grande énergie, et met
à profit tous les moyens que peut présenter le
terrain pour prolonger sa résistance et donner
ainsi aux troupes en arrière le temps de prendre
leurs dispositions.

Si l'ennemi, après avoir pénétré dans les
lignes, s'arrête ou montre de l'indécision, le
commandant de la grand'garde profite de ce
moment pour le repousser vigoureusement; si
l'ennemi est inférieur, il n'hésite pas à l'attaquer, mais il veille, en tout cas, à ne pas se
laisser déborder sur ses flancs ou couper de sa
ligne de retraite.

Lorsque le commandant d'une grand'garde
entend le bruit d'une attaque sur une grand'-
garde voisine, il fait prendre les armes, se tient
prêt à combattre, et envoie un officier reconnaître
ce qui se passe; mais il ne doit pas se hâter de
retirer ses petits postes, car cette attaque pourrait
n'être qu'une ruse de l'ennemi, et n'avoir pour
but que de l'engager à dégarnir des points importants à conserver.

Service de nuit.

22. Quand la grand'garde a été placée en vue ou très près de l'ennemi, on peut la faire changer de position pour la nuit; elle prend possession de son nouveau poste à la chute du jour. Les chefs des petits postes en sont avertis et font reconnaître l'emplacement choisi.

Pendant la nuit, la moitié des hommes veille pendant que l'autre moitié se repose. Une heure avant le jour, toute la grand'garde prend les armes et reste sur pied jusqu'à la rentrée des patrouilles.

Relèvement du service.

23. Lorsqu'une grand'garde est relevée, son commandant transmet à l'officier qui le remplace toutes les consignes qu'il a reçues. Il parcourt le terrain avec le commandant de la garde montante et lui fournit tous les renseignements qui pourraient être utiles au service des avant-postes.

Les commandants des petits postes agissent de même; lorsque leurs sentinelles sont relevées, ils rejoignent la grand'garde.

Aussitôt que celle-ci est relevée à son tour, son chef la reconduit ou la fait reconduire; dans ce dernier cas, il rejoint lui-même le plus tôt possible pour faire son rapport.

CHAPITRE V.

Réserve d'avant-postes.

24. La réserve des avant-postes est destinée à soutenir les grand'gardes et à leur fournir les renforts nécessaires. Pour une brigade, elle se compose des deux compagnies restantes du bataillon chargé du service de sûreté. Le général de brigade indique leur emplacement et prescrit qu'elles seront réunies ou séparées, suivant que l'une ou l'autre de ces dispositions sera la plus avantageuse.

La réserve occupe, autant que possible, un point central par rapport à la ligne des grand'gardes, de manière à pouvoir agir dans toutes les directions. Généralement elle se place près de la route principale par laquelle peut arriver l'ennemi. S'il est nécessaire de garder un point important, tel que débouché de vallées ou de bois, pont ou défilé, elle y détache un poste intermédiaire.

Elle s'établit au bivouac et se relie d'une manière permanente avec les grand'gardes; ses communications avec le corps principal sont assurées par ce dernier.

Il n'est fait de sonnerie qu'en cas d'alarme. Les troupes sont toujours prêtes à prendre les armes à la première alerte, les chevaux restent sellés; en cas d'attaque, la réserve appuie les grand'gardes, les recueille si elles sont refoulées et oppose à l'ennemi une résistance énergique.

Lorsqu'il existe une réserve, elle est plus particulièrement chargée de fournir les patrouilles de reconnaissance envoyées à la découverte de l'ennemi.

AVANT-POSTES NE COMPRENANT PAS DE RÉSERVE.

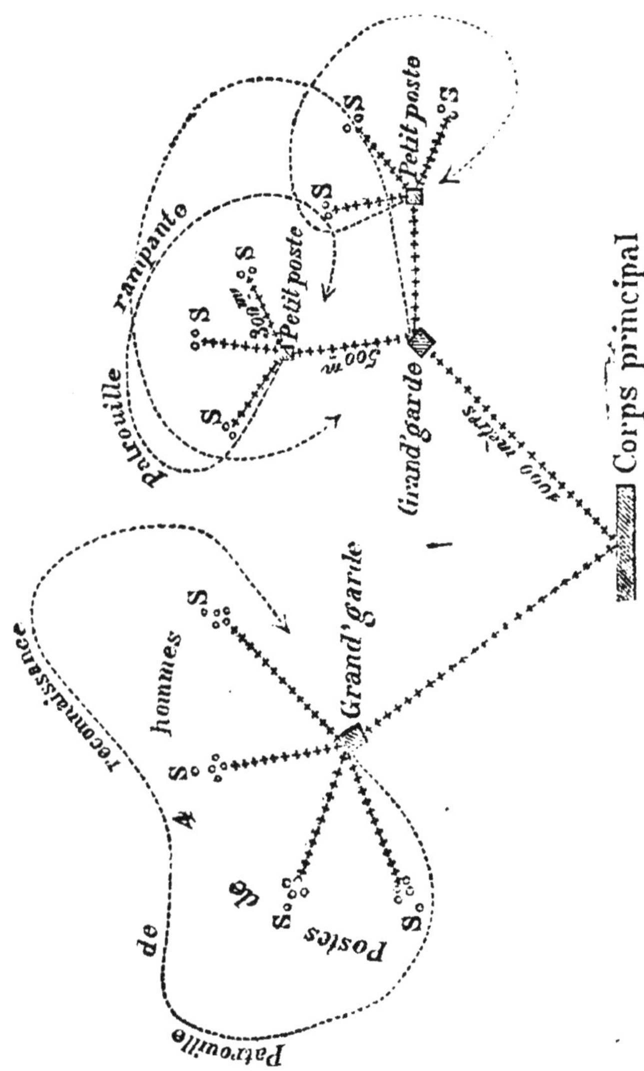

Ces distances sont indiquées ci-dessus pour une brigade ; pour des corps de troupes moins considérables, ces distances pourraient être diminuées.)

AVANT-POSTES COMPRENANT UNE RÉSERVE.

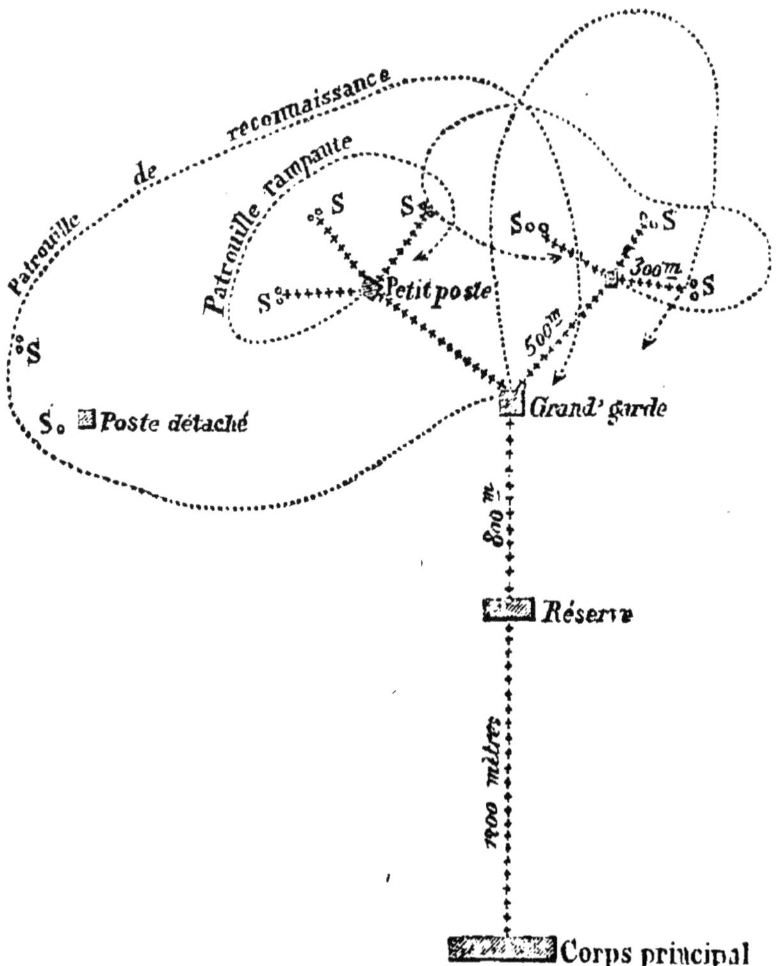

(Les distances sont indiquées ci-dessus pour une brigade ;
pour des corps de troupes moins considérables, ces distances pourraient être diminuées.)

Inst. prat. Serv. Inf. en camp. 4

CHAPITRE VI.

Commandant des avant-postes.

—

Responsabilité et fonctions du commandant
des avant-postes.

25. Le service des avant-postes est fait par brigade. Le général les visite journellement; il en a la surveillance et la direction, avec le concours des colonels et lieutenants-colonels.

Dans chaque brigade, le général désigne la force qui doit la couvrir : ordinairement, un bataillon fourni à tour de rôle par chaque régiment.

A moins d'ordres contraires, le commandant des avant-postes est le chef du bataillon chargé du service de sûreté.

Le général de division désigne les fractions de cavalerie ou d'artillerie qu'il serait nécessaire d'adjoindre aux troupes d'infanterie pour le service d'avant-postes.

Le commandant des avant-postes est responsable de la sécurité de la troupe qu'il couvre; il reçoit les instructions détaillées du général de brigade, qui lui donne en même temps communication du mot. Si ces instructions n'ont pu lui être données avant son départ, on les lui fait parvenir le plus tôt possible. Il est chargé de tout le service des avant-postes et pare à toutes les éventualités.

Il s'établit à la réserve des avant-postes, ou, s'il n'en existe pas, à l'une des grand'gardes, ou à un point central, et fait connaître aux commandants des grand'gardes et à celui des troupes en arrière l'emplacement qu'il a choisi.

Lorsque les grand'gardes sont placées, il va les visiter pour vérifier leur position et reconnaître l'ensemble du terrain sur lequel il peut être appelé à combattre. Il change ces positions quand il le juge nécessaire, et, dans ce cas, en informe sur-le-champ le général de brigade ; il ordonne les modifications qu'il y aurait lieu de faire la nuit, assez à temps pour que les chefs des différentes fractions puissent reconnaître pendant le jour leurs nouveaux emplacements.

Il rend compte au général de l'établissement des avant-postes et de tout ce qu'il a pu apprendre, soit par le service de ses sentinelles et de ses vedettes, soit par celui de ses patrouilles, soit par les habitants, par les déserteurs et les prisonniers. Si les patrouilles n'ont pas rencontré l'ennemi, il fait connaître à quel moment, dans quelle direction et à quelle distance elles l'ont cherché. Il fixe, d'après les ordres du général, les heures auxquelles devront lui parvenir les rapports des grand'gardes.

Avant de transmettre au commandant des troupes les rapports qui lui sont adressés, il en vérifie l'exactitude. Dans les cas importants, il envoie pour donner des explications détaillées celui même qui a fourni les renseignements ou qui a fait la reconnaissance.

Il évite d'exagérer ou d'atténuer les nouvelles qu'il transmet, et prescrit à chacun des officiers sous ses ordres de rendre compte de tout ce qu'il a pu voir ou apprendre, mais de ne jamais confondre les faits avec les appréciations personnelles.

Pour l'établissement et la transmission des rapports, on se conforme aux prescriptions indiquées au service de reconnaissance.

CHAPITRE VII.

Postes détachés.

—

Rôle des postes détachés.

26. On place des postes détachés dans les cas suivants :

1° Pour renforcer une aile de la ligne des sentinelles, lorsque cette aile ne s'appuie pas sur des obstacles naturels ou sur des troupes amies.

2° Pour conserver la communication entre deux grand'gardes éloignées ;

3° Pour occuper des points importants en avant ou sur la ligne des sentinelles, tels que hauteurs, carrefours, défilés et ponts.

Les postes détachés, commandés par un officier, un sous-officier ou un caporal, sont fournis par la grand'garde ou par la réserve d'avant-postes, et se gardent eux-mêmes, selon leur effectif, au moyen de sentinelles volantes ou de petites patrouilles. Ils reçoivent des instructions spéciales pour l'envoi des rapports.

On peut aussi fréquemment augmenter le rayon de surveillance des avant-postes, en portant, à l'entrée de la nuit, des petits postes aussi loin que possible sur les chemins par lesquels l'ennemi peut arriver pour attaquer la position, pour la tourner ou pour couper la retraite. Ces postes, placés de préférence à l'embranchement des chemins, se tiennent cachés, restent sans feu et changent quelquefois de position. Ils ne sont point reliés entre eux ; ils annoncent l'approche de l'ennemi aux moyen de signaux convenus, et remplacent ainsi les patrouilles, qu'il est souvent difficile d'envoyer pendant la nuit.

CHAPITRE VIII.

Patrouilles et rondes.

—

Objet et composition des patrouilles.

27. Les patrouilles explorent le terrain en avant de la ligne des sentinelles, et concourent ainsi de la manière la plus efficace à la sécurité des troupes placées en arrière.

Les chefs de patrouille reçoivent du commandant de la troupe qui les envoie les instructions particulières concernant leur service.

Le nombre, la composition, les heures et la marche des patrouilles sont réglés, suivant leur espèce, par le chef du petit poste, par le commandant de la grand'garde ou par le commandant des avant-postes. Ces patrouilles sont plus ou moins fréquentes, en raison de l'utilité d'avoir des renseignements, des facilités d'accès que peut avoir l'ennemi, de sa proximité, des dispositions des habitants à son égard, et de toutes les circonstances qui peuvent le rendre audacieux ou circonspect.

Le chef du petit poste envoie directement autant de patrouilles rampantes qu'il le juge nécessaire pour garantir sa sécurité; elles sont, comme il a été dit, habituellement composées de trois hommes, dont un caporal ou un soldat chef de patrouille. Les heures du départ et de la rentrée de ces patrouilles, ainsi que leurs observations, sont consignées sur le rapport fourni au commandant de la grand'garde.

Au point du jour, le commandant de la grand'garde envoie des patrouilles ordinaires visiter les environs et les abords de la ligne des sentinelles; ces patrouilles sont commandées par un sous-officier ou par un officier. Elles sont renouvelées de temps en temps dans la journée.

La réserve d'avant-postes, ou le corps principal lui-même, concourt à ce service en envoyant, à certaines heures de la journée, des patrouilles de reconnaissance explorer le terrain en avant ou sur les flancs; ces dernières sont placées sous les ordres d'un officier, et quelquefois d'un capitaine.

Pendant la nuit il n'est envoyé de patrouilles en dehors de la ligne des sentinelles qu'exceptionnellement, et elles doivent alors être composées de très peu d'hommes.

Marche des patrouilles.

28. Dans une patrouille rampante, les soldats marchent les uns derrière les autres; suivant les circonstances, l'un des trois est détaché sur le flanc menacé; ils sont assez rapprochés pour se voir et se prêter un mutuel appui;

assez éloignés pour n'être pas tous coupés ou en-
levés à la fois, dans le cas où ils tomberaient dans
une embuscade.

On choisit pour ce service les hommes qui,
en raison de leurs aptitudes particulières, ont
reçu une instruction pratique plus développée.
Avant de les envoyer en patrouille, on les porte
sur la ligne des sentinelles pour leur faire observer l'ensemble du terrain à explorer et leur
signaler les particularités qui ont déjà été re-
marquées.

Les autres patrouilles, suivant leur force, déta-
chent une pointe de deux ou trois hommes, ou
bien se couvrent au moyen d'une avant-garde, de
flanqueurs et d'une arrière-garde.

Les hommes en patrouille ne causent ni ne
fument; ils se dissimulent autant que possible,
disposent leurs armes de manière qu'elles ne
puissent frapper l'une contre l'autre, et prennent enfin toutes les précautions pour diminuer
le bruit de leur marche; ils font de fréquentes
haltes pour s'orienter et observer avec soin le
terrain.

Pendant le jour ils se faufilent le long des haies,
des murs, dans les chemins creux et les ravins;
ils disparaissent dans les bois et vont sur la
lisière, du côté de l'ennemi, pour observer ce qui
se passe.

Par le brouillard ou pendant la nuit, ils suivent
les chemins encaissés et le fond des vallées, et
s'arrêtent souvent pour mieux entendre.

En approchant de l'ennemi, les patrouilles
redoublent de précautions: un homme placé

son oreille contre le sol pour écouter. Elles s'embusquent quand elles entendent un bruit suspect; si elles aperçoivent une troupe en marche, elles ne tirent ni ne se montrent, mais elles cherchent à connaître ses forces et ses projets, et si l'un des hommes peut se retirer sans être découvert, il va prévenir. Si une sentinelle ennemie leur crie : QUI VIVE? elles s'arrêtent et ne répondent pas, à moins que l'un des hommes, parlant la langue de l'ennemi, ne prononce quelques mots qui lui donnent le change et leur permettent, soit de se rapprocher de la sentinelle pour l'enlever, soit de se retirer sans danger. Si elles rencontrent l'ennemi en force et si elles ne peuvent le devancer pour prévenir les grand'gardes en temps opportun, elles n'hésitent pas à faire feu et se replient rapidement, à moins d'impossibilité, par la route qu'elles ont suivie; elles ont une attention particulière à ne pas se laisser couper.

On indique au chef de patrouille, avant son départ, les signaux de reconnaissance, et on lui donne les mots d'ordre et de ralliement; il communique à ses hommes le but de sa mission et les renseignements qu'il recueille, afin que chacun d'eux soit à même de faire un compte-rendu exact, si la patrouille était forcée de se disperser pour rejoindre. Il désigne un lieu de ralliement pour le cas où quelques hommes s'égareraient.

Autant que possible, les patrouilles ne reviennent pas par les chemins qu'elles ont suivis au départ. Les patrouilles rampantes ne s'éloignent guère à plus de 500 à 800 mètres ; les patrouilles ordinaires envoyées par la grand'garde peuvent, à l'occasion, explorer le terrain jusqu'à 1,000 ou 1,200 mètres de la ligne des sentinelles ; il est fait un fréquent usage des unes et des autres dans les petits postes et dans les grand'gardes.

Les patrouilles de reconnaissance qui ont pour mission d'examiner les positions de l'ennemi et de voir s'il ne fait pas de préparatifs ou de mouvements, peuvent, en raison de leur force, avoir un rayon d'exploration plus étendu. Elles sont plus ou moins fréquentes, suivant la proximité plus ou moins grande de l'ennemi et suivant les circonstances.

Les chefs des petits postes préviennent les sentinelles toutes les fois que des patrouilles franchissent leur ligne, et ils prennent les plus grandes précautions pour éviter une méprise au retour.

On se conforme, pour la reconnaissance des patrouilles par les sentinelles, à ce qui a été indiqué au n° 9. Il en est de même lorsque deux patrouilles se rencontrent. Elles échangent d'abord le signal de reconnaissance ; la première des deux qui a aperçu l'autre reçoit le mot d'ordre et rend le mot de ralliement. Leurs chefs se communiquent leurs itinéraires, les nouvelles qu'ils ont apprises, et tout ce qu'ils ont observé eux-mêmes.

A leur rentrée, les chefs de patrouille rendent un compte exact de la configuration du terrain qu'ils ont parcouru, du plus ou moins de vigilance des sentinelles et postes ennemis, en un mot, de tout ce qu'ils ont reconnu. Les patrouilles de reconnaissance fournissent un rapport conforme au modèle A. (N° 72.)

Rondes.

29. Afin de s'assurer de la vigilance des postes et des sentinelles, les commandants des avant-postes, des grand'gardes et des petits postes font eux-mêmes des rondes sur le terrain occupé par leur troupe, et désignent en outre des officiers et des sous-officiers pour ce service. Celui qui fait la ronde est accompagné d'un ou de deux hommes.

Les rondes ne dépassent pas la ligne des sentinelles ; leur mission est surtout un contrôle, mais en même temps elles observent avec soin les alentours, particulièrement du côté de l'ennemi ; elles communiquent aux différents postes les renseignements recueillis et qui peuvent les intéresser.

Les rondes se reconnaissent entre elles et sont reconnues par les sentinelles et les patrouilles comme il a été prescrit pour ces dernières.

CHAPITRE IX.

Avant-postes irréguliers.

Objet et service des avant-postes irréguliers.

30. Lorsqu'une colonne arrive au bivouac ou au cantonnement trop tard pour qu'il lui soit possible d'étudier le terrain et de disposer régulièrement ses avant-postes, ou bien lorsque son effectif ne lui permet pas de former un cordon non interrompu de sentinelles, son avant-garde se place comme réserve d'avant-postes, et détache en avant, sur les routes, des postes plus ou moins forts, plus ou moins nombreux, suivant l'imminence du danger; ces postes se placent dans les endroits qui leur paraissent les plus favorables et s'entourent de sentinelles.

On peut également se servir des avant-postes irréguliers, soit pour garnir un front étendu avec des effectifs relativement restreints, soit pour tromper l'ennemi sur la force des troupes qui lui sont opposées.

Dans l'un et l'autre cas, des patrouilles de jour, aussi fréquentes que le permet l'effectif, relient les postes entre eux en parcourant le terrain en avant et au loin. Il n'est pas fait de patrouilles la nuit, mais on place des postes détachés, ainsi qu'il a été dit au n° 26. Toutefois, ce système ne donnant plus aux corps en arrière la protection d'une série de lignes échelonnées, ne leur permet pas de se reposer avec la même sécurité.

CHAPITRE X.

Infanterie en combinaison avec d'autres armes.

Infanterie appuyée par l'artillerie.

31. Tout ce qui précède s'applique au cas où l'infanterie, agissant en fractions peu considérables, se couvre par elle-même. Mais le cas

le plus général à la guerre sera celui ou les différentes armes concourront ensemble au service des
avant-postes.

S'il a été jugé nécessaire de donner de l'artillerie aux avant-postes, on l'établit à la réserve.
Cette place est déterminée par la portée des
pièces actuelles et par la nécessité de ne pas ex-
poser inutilement l'artillerie en la plaçant trop en
avant.

Cependant on peut, dans le but de fermer
un débouché ou de défendre un point important
de la ligne des avant-postes, y détacher une section d'artillerie, en la faisant toujours soutenir par
la grand'garde la plus voisine ou par un poste
particulier.

Il est nécessaire que l'artillerie employée aux
avant-postes ait une extrême mobilité. On doit
donc habituellement laisser avec le corps principal les caissons et les voitures, et ne conserver que
les pièces et leurs avant-trains. L'approvisionnement du coffre d'avant-train (30 coups environ)
paraît suffisant pour le rôle que l'artillerie est appelée à jouer aux avant-postes.

Les chevaux doivent toujours être sellés et
garnis ; on ne les fait boire et manger que par
fractions.

L'exploration du terrain, en ce qui concerne
le meilleur emploi des pièces, doit être faite par
le commandant des avant-postes, accompagné
de l'officier commandant l'artillerie ; cette exploration doit porter principalement sur le
choix des positions de combat. On étudie également les débouchés du côté de l'ennemi, ainsi

que les routes qui peuvent servir en cas de retraite.

L'artillerie est dérobée à la vue de l'ennemi par des branchages ou par tout autre moyen ; sa sécurité doit, autant que possible, être assurée par des épaulements rapides et des défenses accessoires.

Les pièces placées en avant pour défendre un point important restent en batterie et sont, pendant la nuit, prêtes à faire feu ; leur tir sera plus avantageusement dirigé dans l'axe des routes par lesquelles l'ennemi pourrait se présenter.

Quand l'ennemi attaque les avant-postes, le rôle principal de l'artillerie est d'augmenter la force défensive de l'infanterie ; mais le commandant des avant-postes doit éviter de faire agir l'artillerie sans motifs sérieux, et de soutenir de longues canonnades que l'ennemi provoque souvent pour masquer ses projets. Un emploi inopportun et fréquent du canon aux avant-postes pourrait, de plus, avoir l'inconvénient de tromper les troupes en arrière, et surtout les corps voisins, sur l'importance de l'action engagée.

Infanterie opérant avec la cavalerie.

32. En principe, une fraction de cavalerie, dont l'effectif est déterminé par le général commandant le corps d'armée, est attachée à toute troupe d'infanterie en première ligne. La cavalerie a pour mission, dans ce cas, d'éclairer l'infanterie et de la couvrir à des distances éloignées. Elle est chargée du service des reconnaissances et des renseignements. Sa présence permet de diminuer la fatigue de l'infanterie, tout en assurant à celle-ci une plus grande sécurité.

Les deux armes concourent à la composition et au service des avant-postes. Pendant le jour, la cavalerie occupe les premières lignes. Elle s'établit et règle son service comme si elle opérait isolément. Elle pousse ses vedettes à 4,000 ou 5,000 mètres de l'emplacement des grand'-gardes d'infanterie. Celles-ci font occuper par des postes détachés, à 600 ou 800 mètres en avant d'elles, les points dominants ou importants, tels que ponts, carrefours, et les routes ou chemins par lesquels peut déboucher l'ennemi. Elles ne forment pas leur ligne de sentinelles doubles. Des postes de correspondance fournis par la cavalerie relient les divers éléments des avant-postes entre eux ainsi qu'avec les troupes en arrière. La nuit, la cavalerie se retire généralement et s'établit en réserve, laissant le service des premières lignes à l'infanterie, qui forme alors ses trois ou quatre échelons.

Ce changement doit se faire assez longtemps avant la tombée de la nuit pour que l'infanterie ait la possibilité de reconnaître le terrain qu'elle doit couvrir. Les avant-postes de l'infanterie sont nécessairement plus rapprochés que ceux de la cavalerie.

Cependant, le principe de placer pendant le jour la cavalerie seule aux premières lignes ne saurait être considéré comme absolu, et dépend souvent aussi de la nature du pays.

Les troupes à pied peuvent être chargées non-seulement du service des postes détachés, mais de celui des patrouilles de jour, sur les parties du terrain qui présenteraient trop de difficultés pour l'exploration de la cavalerie ; quant au service de correspondance, il est toujours, comme il a été dit, assuré par la cavalerie. A cet effet, on attache à chaque grand'garde d'infanterie deux ou trois cavaliers.

Il appartient au commandant des avant-postes d'établir ses grand'gardes d'infanterie ou ses postes détachés aux points les plus favorables pour appuyer ou pour recueillir les troupes de cavalerie qui sont en première ligne.

Si l'ennemi prononce une attaque, l'infanterie prend position ; les deux armes se prêtent un mutuel appui, la cavalerie démasque le front de l'infanterie, et cherche ensuite à prendre de flanc les colonnes ennemies et à les charger dés que le terrain le permet.

Dans certaines circonstances, et principalement lorsque le contact de l'ennemi est devenu immédiat, par exemple, aprés un combat ou la veille d'un engagement prévu, l'infanterie fournit presque exclusivement le service d'avant-postes. Elle renforce sa ligne en occupant les positions les plus faciles à défendre, les fortifie s'il est possible, et les entoure d'un cordon de sentinelles. La cavalerie assure la communication entre les postes de l'infanterie par un va-et-vient incessant de patrouilles. Ce système a pour but d'empêcher les tentatives que l'ennemi pourrait faire sur une ligne fragile de sentinelles; il permet d'opposer une résistance qui donne à la réserve d'avant-postes le temps d'intervenir efficacement sur tout point menacé, et ne l'oblige pas à se déplacer pour une attaque peu, importante.

Pendant la nuit, tous les postes restent sous les armes, ainsi qu'une portion de la réserve. Le soir d'un combat, si l'on a des troupes fraîches sous la main, on les emploie aux avant-postes, de préférence aux corps fatigués ou éprouvés par l'action.

Lorsque dans la composition des avant-postes la cavalerie ne se trouve qu'en proportion numériquement insuffisante pour assurer le service des premières lignes pendant le jour, son rôle se borne à détacher, suivant son effectif, quelques cavaliers dans les postes principaux pour en explorer les alentours. La mobilité de ces patrouilles permet de les pousser plus loin que celles de l'infanterie. Dans tous les cas, la cavalerie reste chargée de maintenir la communication constante entre les différents éléments des avant-postes et leur liaison avec le corps principal.

Les chefs des postes placés en première ligne ont l'attention de faire parvenir les nouvelles assez rapidement pour que la réserve des avant-postes et les troupes dont ils sont chargés d'assurer la sécurité soient à l'abri de toute surprise et puissent se reposer sans être tenues continuellement en alerte par quelques coups de feu échangés sur la ligne des sentinelles ou des vedettes.

DEUXIÈME PARTIE.

Instruction pratique sur le service de marche.

—

Instruction de la section.

L'instruction pratique de la section se divise en trois articles :

Le premier article est exécuté par une section contre un ennemi figuré.

Le deuxième par deux sections opposées l'une à l'autre.

Le troisième comprend la répétition des exercices précédents pendant la nuit.

Quoique la méthode indiquée ci-après pour exercer les troupes au service de sûreté en marche ne comprenne pas les exercices de marche proprement dits, la pratique de ces derniers exercices devra néanmoins se faire avec l'application du service de sûreté, d'après les indications contenues dans les divers chapitres du *développement des règles.*

ARTICLE Ier.

Le chef de section, accompagné du sous-officier désigné pour commander l'ennemi, reconnaît préalablement la route qu'il veut suivre ; cette route doit autant que possible se prêter à l'exercice qu'il a en vue et traverser un terrain accidenté, en partie couvert, en partie découvert. Le chef de section indique au sous-officier la série des mouvements qu'il devra exécuter, ainsi que le moment et le point où chacun d'eux devra avoir lieu.

Le chef de section divise les anciens soldats dont il dispose en deux groupes : l'un de ces groupes doit figurer l'ennemi; l'autre sert à initier, par son exemple, les jeunes soldats au service de sûreté en marche.

Le détachement représentant l'ennemi va d'avance occuper la position désignée; le chef de section met sa troupe en marche en la prévenant que l'ennemi se trouve dans la direction qu'elle va suivre, et qu'elle doit s'attendre à chaque instant à être attaquée.

D'après les ordres qu'il a reçus, le sous-officier commandant l'ennemi envoie une patrouille pour surveiller la marche de la section, ou poste son détachement pour l'attaquer. La découverte de cette patrouille ou de ce détachement amène le chef de section à faire sentir aux recrues la nécessité de se couvrir quand on marche dans le voisinage de l'ennemi; il leur montre comment, dans ce but, on peut protéger la troupe en marche par une avant-garde, une arrière-garde et des flanqueurs. Il désigne alors une escouade d'anciens soldats, sous les ordres d'un caporal, pour former l'avant-garde. Cette escouade fournit une pointe et un ou deux groupes de flanqueurs, si le terrain le permet. Deux autres anciens soldats de la section sont désignés pour former l'arrière-garde. La section ainsi disposée reprend sa marche.

Pendant ce temps, conformément aux ordres donnés, l'ennemi a pris de nouvelles dispositions; il a, par exemple, placé une patrouille dans le voisinage du chemin suivi par la section; cette patrouille se replie dès qu'elle est aperçue par la pointe, qui envoie un homme rendre compte. L'officier fait arrêter la section pour permettre aux jeunes soldats d'entendre ce rapport; il adresse des questions à l'homme envoyé par la pointe, de manière à lui faire bien préciser les renseignements qu'il apporte, puis il reprend sa marche. Plus loin, le détachement ennemi peut se porter contre l'avant-garde ou contre un groupe de flanqueurs, et les forcer à se replier sur le gros; la section est ainsi amenée à prendre position. Dans ces exercices on ne simule pas de combats : dès que l'ennemi, inférieur en forces, est arrivé à portée du gros de la section, il doit se retirer.

Il est impossible de détailler tous les cas qui peuvent se présenter. Les dispositions à prendre dépendent du terrain et de l'expérience de l'officier qui dirige cette instruction; en tout cas, il s'efforce de faire naître des situations variées, afin d'habituer les jeunes soldats aux devoirs qui leur incombent dans le service de sûreté en marche.

A mesure que l'occasion s'en présente, il leur donne la définition des mots *avant-garde*, *flanqueurs*, etc.: il leur explique comment une *pointe*, composée de trois hommes, peut avertir au moyen de l'un d'eux pendant que les deux autres continuent d'observer; il leur fait voir comment un de ces trois hommes sert à établir la communication entre la pointe et l'avant-garde.

Lorsque la pointe, étant près d'atteindre un tournant de route qui pourrait lui faire perdre de vue la colonne, laisse un homme en arrière, le chef de section fait remarquer ce mouvement à sa troupe et lui en donne la raison.

S'il se présente un embranchement, le chef de section, après avoir fait arrêter au besoin, montre comment les flanqueurs vont reconnaître le chemin jusqu'à une certaine distance; la marche est reprise à leur retour.

Quand la pointe ou les flanqueurs rencontrent un obstacle, arrivent devant une hauteur ou un défilé, le chef de section se conforme aux mêmes principes. Il arrête sa section pour indiquer ce que chacun doit faire, et ne la remet en marche qu'après avoir signalé les fautes commises.

Lorsque la pointe ou les flanqueurs parviennent à l'entrée d'un bois, il le reconnaissent, afin que les hommes puissent se rendre compte de ce qui doit être fait dans cette circonstance.

Si le bois offre quelque étendue, le chef de section explique qu'il est nécessaire d'envoyer des patrouilles pour le fouiller jusqu'à une certaine distance, des deux côtés du chemin à suivre, et il détache à cet effet des groupes de trois hommes.

Dans un village, on procède de la même ma-

nière; le chef de section explique aux hommes
que, dans leur exploration, ils doivent se borner à
reconnaître les emplacements de la mairie, de la
gare, du télégraphe, de la poste, où ils trouveront
surtout des partis ennemis si le village est occupé,
et à venir lui rendre compte.

A mesure que les jeunes soldats ont bien
compris un certain nombre de ces exercices,
le chef de section les fait répéter en employant
les recrues au service de la pointe et des flanqueurs; ils opèrent d'abord concurremment avec
les anciens soldats, puis ils sont livrés à eux-
mêmes.

Il termine cette partie de l'instruction en prescrivant à l'ennemi d'envoyer des anciens soldats
pour figurer des personnes marchant vers la
colonne; la pointe les arrête, et le caporal les
envoie au chef de section, qui les interroge sur
les localités et les accidents de terrain traversés
par eux.

Au retour, qui est fait autant que possible par
une autre route, le chef de section dispose son
détachement pour la marche en retraite, avec
arrière-garde et flanqueurs; il fait comprendre
aux jeunes soldats l'objet des dispositions prises:
il leur explique que, dans ce cas, les hommes
chargés du service de sûreté sont disposés dans le
même ordre que pour la marche en avant, mais
qu'ils doivent porter leur attention en arrière, du
côté de l'ennemi.

Lorsque cette première instruction est terminée,
on la fait répéter sans arrêter la section pour donner
des explications.

ARTICLE II.

Les deux sections opposées, commandées par leurs chefs, sont placées sous la direction du capitaine.

Celui-ci donne avant l'exercice, à chacun des chefs de section, un ordre verbal ou écrit indiquant la direction dans laquelle se trouve l'ennemi et le but à atteindre. Chaque parti ne doit avoir connaissance ni de la force, ni de la position du parti opposé, ni des instructions que ce dernier a reçues. Les chefs de section agissent d'après leur initiative, et, tout en se conformant à l'ordre donné, prennent les dispositions les plus convenables pour remplir la mission qui leur est confiée.

Les deux sections peuvent être dirigées soit sur la même route, soit sur deux routes qui se rencontrent ; l'une peut être établie sur le chemin ou près du chemin suivi par l'autre. On trouve ainsi l'occasion de combiner les exercices du service de sûreté en station avec ceux du service de sûreté en marche. Peu à peu l'on doit amener les deux partis à agir l'un contre l'autre, chacun d'eux ignorant la direction où il peut rencontrer l'ennemi. Ces exercices peuvent donner lieu à des simulacres de combat qui sont dirigés conformément aux prescriptions de l'école de compagnie.

Pour donner plus d'intérêt et de vraisemblance à ces petites opérations, il est bon de distribuer aux hommes quelques cartouches à poudre ; ils s'en servent soit pour signaler l'approche de l'ennemi, soit pour l'attaquer, soit pour se défendre.

ARTICLE III.

On répète pendant la nuit les exercices prescrits dans les deux premiers articles, en faisant resserrer les distances et en insistant sur la vigilance particulière que les troupes en marche doivent exercer pendant la nuit.

Les premiers exercices ont lieu sur des terrains déjà connus, comme il a été dit pour les séances de nuit du service de sûreté en station.

Instruction de la compagnie.

L'instruction pratique de la compagnie se divise en trois articles :

ART. Ier. Exercices de marche pour une compagnie isolée.

ART. II. Exercices pour deux compagnies opposées l'une à l'autre.

ART. III. Exercices de nuit.

ARTICLE Ier.

Le capitaine dirige l'exercice; il donne un ordre de marche qui indique la direction à suivre, le but à atteindre et les heures fixées pour le départ et pour le retour. Cet ordre est communiqué à tous les chefs de section ainsi qu'aux sous-officiers qui auraient des missions à remplir.

La compagnie se met en marche, se faisant précéder à 200 mètres au moins par une section d'avant-garde qui détache elle-même une escouade chargée de fournir la pointe et les flanqueurs. On marche autant que possible en colonne de route. L'arrière-garde est formée d'une escouade.

Les officiers profitent de la durée de la marche pour questionner les hommes sur l'orientation, l'appréciation des distances et la nomenclature du terrain.

La compagnie, pendant la route, fait l'application des principes indiqués à l'instruction de la section, à mesure que l'occasion se présente ou que les accidents du terrain se rencontrent.

La section d'avant-garde est relevée quand le capitaine le juge convenable.

Toutes les fois qu'on s'arrête pour un certain temps, la compagnie prend la position de *halte gardée.*

Au retour, la compagnie est supposée marcher en retraite, et l'arrière-garde est formée en conséquence.

Article II.

Le chef de bataillon dirige l'exercice et donne le programme pour chacune des compagnies opposées l'une à l'autre.

L'une des compagnies manœuvre de manière à inquiéter la marche de l'autre. On se conforme aux indications contenues dans l'article II de l'instruction de la section.

Suivant les instructions données, on se dispense de tout simulacre de combat, ou bien on se conforme aux prescriptions indiquées pour le combat de la compagnie dans le règlement sur les manœuvres de l'infanterie.

ARTICLE III.

Les exercices précédents sont répétés pendant la nuit.

On insiste sur la nécessité de jalonner la route, à mesure que les difficultés de la marche augmentent.

Instruction du bataillon.

L'instruction pratique du bataillon se divise en deux articles :

ART. Ier. Exercices de marche pour un bataillon isolé.

ART. II. Exercices exécutés par les bataillons d'un régiment marchant dans la même direction ou opposés l'un à l'autre.

ARTICLE Ier.

Dans les marches par bataillon, une des compagnies forme l'avant-garde et détache une section en tête d'avant-garde ; le bataillon marche en colonne de route, ou par le flanc sur l'un des côtés ou sur les deux côtés de la route.

Toutes les fois qu'on marche à travers champs, le commandant de la colonne indique au chef de l'avant-garde la direction générale à suivre, pour que celui-ci puisse conduire sûrement sa pointe d'avant-garde.

Suivant les circonstances et les facilités qu'offre le terrain, la section qui forme la tête d'avant-garde se couvre par une pointe et des éclaireurs sur un front assez étendu pour garantir la sécurité des flancs.

Si l'on est amené, par suite de la configuration du terrain, à donner à la ligne des éclaireurs une extension trop considérable, cette ligne est fournie par la compagnie, ou même par le bataillon, conformément à ce qui sera dit plus loin (nos 52 et 59).

ARTICLE II.

On répète pour les bataillons réunis les mêmes exercices que pour un seul; l'avant-garde peut alors atteindre l'effectif d'un bataillon.

Dans ces exercices, les fractions de la colonne sont quelquefois dirigés par des routes différentes sur un point déterminé d'avance; on fixe l'heure précise de la concentration, et les commandants des diverses colonnes doivent régler leur départ et leur marche de façon à n'arriver ni avant ni après l'heure prescrite.

On termine ces exercices en envoyant un ou deux bataillons se poster d'avance sur un point placé dans la direction générale de la marche pour simuler l'ennemi, ou bien en formant deux colonnes destinées à se rencontrer.

Le colonel ou le lieutenant-colonel fixe le programme de l'exercice, dirige l'opération, et, s'il y a combat, remplit les fonctions d'arbitre.

DÉVELOPPEMENT DES RÈGLES
SERVANT DE BASE A L'INSTRUCTION PRATIQUE.

CHAPITRE PREMIER.

Principes généraux.

—

Dispositions générales.

33. Une troupe qui marche en présence ou
dans le voisinage de l'ennemi se garde contre ses
attaques et ses entreprises au moyen de différentes fractions qu'elle détache, et qui prennent les
noms d'*avant-garde*, de *flanqueurs* et d'*arrière-
garde*, selon qu'elles protègent la tête, les flancs
ou la queue de la colonne.

Si la force des colonnes et la nature du terrain l'exigent, l'avant-garde fournit les patrouilles nécessaires pour couvrir les flancs ; au
besoin, ces détachements sont tirés du corps
principal.

Le commandant d'une colonne doit connaître
exactement le but de la marche, la conduite à
tenir s'il rencontre l'ennemi, et enfin être informé de la composition, de la force et de la direction des autres colonnes. Avant le départ il se
fait rendre compte de ses ressources en vivres et
en munitions.

Il confie à l'officier qui serait appelé à commander après lui l'objet de sa mission, à moins

que celle-ci ne doive être tenue tout à fait secrète. Dans ce dernier cas, il lui remet un pli cacheté contenant les instructions à suivre.

On assigne aux troupes un lieu de rassemblement où elles se forment dans l'ordre qu'elles devront prendre pour la marche.

Rassemblement.

31. Autant que possible, on ne prend pas pour lieu de rassemblement les routes, ni les chemins, ni aucun point ou la troupe pourrait gêner la circulation ; en arrivant au rendez-vous, à moins d'indications contraires, l'infanterie prend la formation indiquée par le Règlement sur les manœuvres.

Toutefois, pour éviter aux troupes des fatigues inutiles, quand il s'agit d'une colonne assez considérable, chaque corps peut n'arriver au lieu de rassemblement que peu d'instants avant le moment où il doit se mettre en marche. Dans le même but, le lieu de rassemblement doit, autant que possible, être choisi de telle sorte que les troupes détachées ne soient pas obligées de faire des détours, et qu'elles puissent s'y rendre directement, si elles ont des chemins à leur disposition.

Le moment où les troupes de corps différents qui ont à parcourir la même route doivent quitter le lieu de rassemblement pour se mettre en marche est réglé dans l'intérêt du service par l'officier le plus élevé en grade.

Les chefs de détachement fixent l'heure du

départ de manière à n'arriver ni trop tôt, ni trop
tard.

L'exactitude la plus rigoureuse dans l'exécution
des ordres et une grande surveillance sont les
meilleurs moyens de prévenir les à-coup et les
temps d'arrêt qui pourraient troubler ou retarder
la mise en route de la colonne.

L'exécution des ordres ne devant jamais éprou-
ver de retard, si le commandant n'est pas à la tête
de sa troupe lorsque celle-ci doit partir, l'officier
le plus élevé en grade parmi les officiers présents
la fait mettre en route, s'il a été informé du but de
la marche.

Départ.

35. Le rassemblement et le départ de l'avant-
garde doivent avoir lieu assez tôt pour qu'elle
puisse prendre la distance qui doit la séparer de
la colonne.

En général, l'heure du départ doit être fixée
de manière que la plus grande partie de la marche soit faite avant la grande chaleur. D'autre
part, il ne faut pas choisir une heure trop mati-
nale, le sommeil du matin étant le plus répara-
teur. Il semble que le mieux est de ne pas se mettre en route avant 4 heures du matin dans la belle
saison.

Soins à prendre et ordre à observer
pendant la marche.

36. L'ordre de marche fixe l'étendue du front
de la colonne ; on doit marcher sur la plus

grande largeur possible, tout en ayant soin de laisser libre la moitié de la route pour que les voitures et les chevaux puissent circuler sans troubler l'ordre de la colonne.

Suivant la nature et la largeur des chemins, les troupes d'infanterie marchent en colonne de route (par escouade), ou par le flanc sur quatre rangs, ou enfin, dans certains cas, des deux côtés de la route, en laissant le milieu de la chaussée libre.

Afin de faciliter la marche et d'éviter les à-coup, il est bon de laisser entre les compagnies une distance de dix pas environ. Les unités plus fortes conservent entre elles les distances prescrites dans le Règlement sur les manœuvres, suivant qu'elles sont en colonne à distance entière ou par le flanc.

La marche doit généralement être uniforme; les arrêts et les brusques augmentations de vitesse doivent être évités. S'il est nécessaire d'augmenter la rapidité, le commandant de la colonne fait accélérer le pas à la subdivision de tête, après avoir fait prévenir les commandants des différentes fractions qui suivent, d'avoir à se conformer successivement à ce changement d'allure.

On commence toujours la route d'un pas modéré; on augmente progressivement la vitesse lorsque l'ordre de marche est bien établi et que le soldat est en haleine. La tête de la colonne doit marcher à un pas aussi bien réglé que possible. La vitesse de la marche se ralentissant naturellement dans les montées, la tête de

chaque bataillon ne reprend l'allure ordinaire que
lorsque la queue de ce bataillon est arrivée au
sommet de la côte. Lorsque la colonne n'est pas
trop profonde, que la route est bonne et que les
troupes sont exercées, on doit arriver à parcourir
le kilomètre en onze minutes.

Il faut être très sobre de sonneries pendant la
marche. Cependant, on doit laisser à la queue de
la colonne un tambour ou un clairon qui, sur
l'ordre du chef de la dernière subdivision, rap-
pelle quand la gauche ne peut pas suivre en ordre
ou quand la difficulté du chemin produit de l'allongement dans la colonne.

L'ordre et la discipline étant des éléments
essentiels de la facilité et de la rapidité de la
marche, les officiers et les sous-officiers conservent rigoureusement les places qui leur sont assi-
gnées dans la colonne ou dans la marche par
le flanc; dans le cas où l'on marche des deux
côtés de la route, le capitaine se tient entre
les deux rangs doublés, et les chefs de section
à la tête de leur section, du côté du premier
rang doublé; ils veillent à ce que les hommes marchent régulièrement et à leurs distances, à ce qu'ils placent leurs armes de manière
à ne pas gêner leurs voisins, et enfin à ce
que leur tenue soit toujours conforme aux ordres
donnés. Le commandant de la colonne peut
seul accorder à cet égard les tolérances qu'il
juge nécessaires.

Pendant les marches, il est défendu de tirer
des armes à feu, de faire aucun cri de HALTE
ni de MARCHE, de s'arrêter individuellement

aux ruisseaux, puits ou fontaines, de quitter les rangs dans la traversée des villages.

Lorsqu'un soldat a un besoin absolu de s'arrêter, il en demande la permission à un officier ou à un sous-officier; il laisse son fusil à un de ses camarades, et il est tenu de rejoindre promptement, sous peine de punition.

Indépendamment de l'arrière-garde, le commandant de la colonne forme, quand il le juge nécessaire pour faire rejoindre les traînards, un détachement dont les éléments sont pris dans le dernier régiment; cette troupe visite les chemins creux, les fermes, les villages, arrête les maraudeurs et remet à la gendarmerie ceux qui sont pris en flagrant délit; les autres sont remis à la police de leurs corps.

Il n'est rendu d'honneurs qu'au commandant en chef de l'armée.

Haltes.

37. La fréquence et la durée des haltes sont déterminées d'après le but du mouvement et la distance à parcourir.

Une première halte doit être faite environ trois quarts d'heure après le départ de la tête de la colonne. Les officiers et les sous-officiers en profitent pour inspecter le paquetage, faire rectifier toutes les parties de l'habillement et de l'équipement qui se trouvent défectueuses; ils font jeter les effets qui ne sont pas règlementaires.

Les petites haltes sont faites généralement d'heure en heure, en dehors des villages; elles durent de cinq à dix minutes. Lorsque le trajet à parcourir est considérable, il est avantageux de faire en outre, deux heures environ après le départ, une halte d'une certaine durée, d'un quart d'heure environ; on choisit de préférence des endroits à l'abri du soleil, du vent, de la poussière, etc., de manière à procurer à la troupe quelque soulagement.

Pour les colonnes d'un faible effectif, à la sonnerie de HALTE, la troupe s'arrête, les quatre hommes les plus rapprochés l'un de l'autre forment les faisceaux; les soldats peuvent ensuite quitter les rangs.

Pour les colonnes d'une plus grande profondeur, toutes les subdivisions serrent à leur distance sur celle de la tête; le clairon placé à la queue répète la sonnerie de HALTE au moment où la dernière subdivision s'arrête après avoir serré.

Dans certains cas, il faut avoir soin d'éviter la trop grande proximité des fontaines et cours d'eau.

Il est fait généralement, quand on a parcouru plus de la moitié de la route, une grande halte qui peut avoir lieu dans un village et durer une heure environ. Pour éviter des fatigues inutiles, lorsqu'on est loin de l'ennemi, on peut alors se dispenser de prendre la formation de rassemblement, et la troupe forme les faisceaux sur l'un des côtés de la route, dans l'ordre où elle se trouve.

Dans les marches de guerre, on doit éviter de faire halte dans un défilé.

Guides.

38. Dans les marches, il est toujours avantageux de faire usage de guides.

Le choix des guides doit porter sur des hommes intelligents et particulièrement sur des facteurs, des cantonniers, des braconniers, des douaniers, des contrebandiers, des gardes champêtres ou forestiers.

Si l'on a quelque raison de se défier d'un guide, on le place entre deux hommes chargés de le surveiller et qui l'empêche de communiquer avec le reste de la troupe ou avec toute autre personne étrangère à l'armée. On n'hésite pas au besoin à user de rigueur avec lui; quelquefois même on l'attache. S'il sert bien, on le récompense.

Il est prudent de prendre plusieurs guides, de les questionner séparément et de les confronter ensuite, si les renseignements qu'ils donnent diffèrent les uns des autres.

Défilés. — Obstacles.

39. Lorsqu'une colonne profonde doit passer un défilé qui peut la forcer à s'allonger, le commandant, sans arrêter la marche de la tête, fait prévenir les chefs de bataillon; ceux-ci font serrer en masse en arrivant près du défilé; chaque subdivision y entre successivement en accélérant le pas et en serrant le plus possible. La subdivision de la tête, après l'avoir traversé, s'arrête dès qu'elle a laissé derrière elle l'espace nécessaire pour contenir la colonne serrée en

masse; elle est remise en marche assez tôt
pour que les dernières subdivisions ne soient pas
obligées de s'arrêter après avoir effectué leur
passage.

Lorsque l'éloignement de l'ennemi le permet, les bataillons forment les faisceaux, après
avoir serré en masse, en arrière ou en avant du
défilé.

En principe, il vaut mieux tourner les passages
difficiles que les franchir, à moins qu'on ne soit
forcé de faire un trop grand détour.

Si l'on doit traverser des marécages, des terrains
peu solides, des tourbières, etc., il faut les faire
préalablement reconnaître pour s'assurer que le
passage est et restera praticable, et pour rechercher les points les plus abordables.

Lorsqu'on passe un gué, les hommes conservent les yeux fixés sur un point de la rive
opposée. Si c'est possible, on leur facilite le
passage au moyen d'une corde tendue d'un
bord à l'autre. Des cavaliers peuvent être disposés en amont pour rompre le courant, et
d'autres en aval pour recueillir les hommes
qui perdraient pied et pourraient être en-
traînés.

Rencontre de deux troupes.

10. Nulle troupe en marche ne doit être coupée
par une autre.

Une troupe qui en trouve une autre arrêtée,
passe si elle a la priorité dans l'ordre de bataille,
ou si l'autre ne veut pas user à l'instant même de
son droit de marcher la première.

Deux troupes qui se croisent appuient réciproquement à droite, si le chemin est assez large pour contenir les deux colonnes, sinon, la première dans l'ordre de bataille prend, à moins d'ordres contraires écrits ou transmis verbalement par un officier de l'état-major général, le pas sur l'autre, qui suspend sa marche.

Lorsque deux troupes marchant dans la même direction se rencontrent, la troupe la plus avancée continue sa marche, à moins d'ordres contraires.

Les colonnes qui suspendent leur marche pour laisser passer une autre troupe la reprennent avant les équipages. Celles qui auraient à croiser des équipages les font arrêter, si elles ne peuvent autrement continuer leur route ; il n'est fait d'exception à cette règle que pour une colonne de munitions dont le passage serait urgent.

Les généraux ou autres officiers qui ont à suspendre la marche d'une troupe examinent consciencieusement si le bien du service n'exige pas qu'ils abandonnent leur prérogative. Au besoin, ils se concertent avec le chef de cette troupe et se déterminent d'après le vu ou la communication de leurs ordres respectifs, en ne suivant d'autre règle que l'intérêt de l'armée. En cas de désaccord, le plus élevé en grade ou le plus ancien prend une décision, sous sa responsabilité personnelle.

Marches de nuit.

11. Dans les marches de nuit, le plus grand

silence est observé ; les distances sont diminuées, les haltes plus fréquentes, la vitesse
ralentie. Il est ordonné dans certains cas que
les soldats ne pourront fumer. On emploie des
sous-officiers et des caporaux pour jalonner la
route et indiquer les embranchements ; ils sont
relevés de bataillon en bataillon.

On laisse un tambour ou un clairon à la
queue de chaque bataillon pour rappeler quand
l'obscurité rend la marche difficile ; il est aux
ordres du chef de la dernière subdivision. Pour
éviter de se faire entendre de loin, on emploie
la nuit le sifflet de préférence au tambour ou au
clairon.

Les marches de nuit sont évitées autant que
possible ; les résultats qu'elle procurent sont rarement en rapport avec la fatigue qu'elles causent aux troupes.

CHAPITRE II.

Avant-garde.

—

Composition d'une avant-garde.

42. L'avant-garde veille à la sûreté de la troupe
en marche, sur le front ainsi que sur les flancs,
si la colonne n'a pas une trop grande profondeur. Elle éclaire et renseigne, écarte les obstacles qui se trouvent sur la route, et, suivant
les ordres donnés, attaque et repousse l'ennemi
ou lui oppose une première résistance, destinée à permettre au commandant du corps

BIBLIOTHÈQUE NATIONALE — R.F. — IMPRIMÉS

principal de prendre ses dispositions de combat.

La force des avant-gardes, comme celle des avant-postes, varie suivant le terrain et les circonstances, du quart au sixième de l'effectif total de la troupe.

Ainsi, une compagnie a généralement pour avant-garde une section ; un bataillon envoie en avant-garde une compagnie ; un régiment ou une brigade, un ou deux bataillons ; une division, un régiment.

Afin de pourvoir à la sûreté de la colonne sur son front, l'avant-garde s'échelonne en détachements de plus en plus petits, et qui, en partant du corps principal, prennent les noms de *gros*, de *tête*, et de *pointe d'avant-garde*. (1)

Par exemple, dans un régiment en marche, le gros de l'avant-garde peut être formé par trois compagnies du bataillon d'avant-garde ; la quatrième compagnie de ce bataillon forme la tête d'avant-garde et détache comme pointe une section.

La pointe elle-même détache une escouade en avant (deux au besoin); celle-ci se couvre par un groupe d'éclaireurs, et, si le terrain le permet, par un ou deux groupes sur les côtés. Ces derniers ne s'éloignent guère à plus de 200 mètres de la route.

---

(1) Ici encore on retrouve le même échelonnement que dans la formation de combat du bataillon en première ligne ; c'est ainsi que la pointe d'avant-garde remplace les tirailleurs et renforts ; la tête d'avant-garde, le soutien, et le gros, la réserve.

Le reste de l'escouade marche groupé à 100 ou 150 mètres des éclaireurs les plus avancés ; le reste de la pointe, à 100 ou 150 mètres en arrière ; la tête d'avant-garde, à 200 ou 300 mètres de la pointe ; le gros de l'avant-garde à 300 mètres de la tête d'avant-garde et à 600 ou 700 mètres en avant du corps principal.

Ces distances n'ont, du reste, rien d'absolu ; elles peuvent être modifiées d'après la nature du pays, la proximité de l'ennemi et la composition des colonnes.

Pour des colonnes comprenant des troupes de toutes armes, l'avant-garde se compose de détachements des différentes armes ; la cavalerie fournit alors la tête et la pointe d'avant-garde.

Dans ce cas, la distance qui sépare la pointe d'avant-garde du corps principal est, au minimum, de 2,500 mètres.

En tout cas, les avant-gardes sont composées de fractions constituées ; elles n'emmènent jamais leurs bagages avec elles.

Le commandant de l'avant-garde centralise tous les renseignements recueillis pendant la marche pour les transmettre au commandant de la colonne. Cette transmission se fait au moyen d'hommes échelonnés, qui assurent en outre les communications entre les diverses fractions de la troupe en marche.

Pointe d'avant-garde.

83. La pointe d'avant-garde a pour mission d'assurer la marche de la colonne dans la direction ordonnée en suivant la route indiquée, d'examiner avec soin le terrain en avant et sur les flancs, et de rendre compte de tout ce qu'elle observe. Elle détache en avant d'elle, comme il a été dit ci-dessus, une escouade qui marche dans l'ordre suivant :

Deux hommes à la même hauteur des deux côtés de la route ;

Un homme pour maintenir la communication à 50 mètres en arrière ;

Un ou deux groupes de deux ou trois hommes en éclaireurs jusqu'à 150 ou 200 mètres sur les côtés de la route ;

Les autres hommes de l'escouade, sous le commandement d'un sous-officier, à 100 ou 150 mètres de l'extrême pointe ;

Le reste de la pointe, sous les ordres du chef de section, à 100 ou 150 mètres en arrière.

Au besoin, on détache une nouvelle escouade pour remplacer la première, si celle-ci vient à être employée tout entière au service d'éclaireurs. L'escouade qui marche en avant est elle-même relevée quand le chef de la pointe le juge nécessaire.

La pointe doit connaître exactement l'itinéraire à suivre ; son chef, pour ne pas se tromper, prend par écrit les noms des localités qu'on doit traverser, et s'adresse, en cas de doute, au commandant de la tête d'avant-garde.

Elle reste toujours en communication avec la tête d'avant-garde. A cet effet, le chef de la pointe laisse un homme en arrière lorsqu'il arrive à un embranchement , à un tournant de route ou au sommet d'une côte qui lui ferait perdre de vue l'échelon suivant.

14. *Obstacles.* — S'il se présente quelque obstacle sur la route , voitures renversées, barricades, coupures, etc. , le chef de la pointe, tout en se tenant sur ses gardes, cherche à tourner l'obstacle ou à rétablir le passage. S'il ne peut y parvenir, il prévient le commandant de la tête d'avant-garde.

15. *Hauteurs.* — Lorsqu'un groupe d'éclaireurs arrive à proximité d'une colline ou d'un pli de terrain, un des hommes gravit seul la pente, et s'arrête avant d'arriver à la crête, de manière à voir sans être vu. Le reste du groupe le suit à peu de distance, et un autre homme se tient prêt à aller rendre compte.

16. *Défilés.* — *Ponts.* — S'il se présente un défilé , les éclaireurs s'y engagent résolûment et sans perdre de temps ; le chef de la pointe complète le service d'exploration en faisant reconnaître les alentours. Cette reconnaissance se fait aussi rapidement que possible.

Si l'ennemi n'est pas signalé, le sous-officier s'établit avec les éclaireurs à quelque distance au delà du défilé, jusqu'à ce que la pointe l'ait franchi ; il reprend ensuite sa distance.

Si le défilé est encaissé, un ou plusieurs hommes gagnent le sommet du talus ou de la pente pour reconnaître le terrain.

G.

Dans un pays hostile ou déjà parcouru par les troupes ennemies, les éclaireurs, en atteignant un pont, recherchent s'il existe des traces de travail récent qui pourraient indiquer une préparation de destruction. Ils examinent également le dessous du pont et des voûtes, pour s'assurer qu'aucune disposition de rupture n'a été prise.

17. *Bois*. — Lorsque la pointe arrive à un bois qui semble de peu d'étendue, les deux premiers hommes s'engagent dans le bois et le traversent. L'un d'eux reste posté au débouché pour observer, tandis que l'autre prévient l'homme chargé de la communication ; celui-ci va rendre compte au sous-officier qui s'est arrêté à l'entrée.

Suivant la nature du bois, les éclaireurs latéraux s'engagent également à droite et à gauche de la route, ou bien ils rejoignent le soutien.

Si la découverte d'indices annonçant la présence de l'ennemi fait juger au sous-officier qu'il serait imprudent de s'avancer, celui-ci s'arrête et informe le chef de la pointe ; ce dernier transmet le renseignement, et en vérifie l'exactitude, en poussant dans le bois ses éclaireurs, qu'il renforce et soutient.

18. *Lieux habités*. — A l'approche d'un petit village, la pointe cherche à s'emparer d'un habitant, et lui demande des renseignements sur l'ennemi. Si ce moyen d'information manque, les éclaireurs suivent avec précaution les rues du village, et transmettent leurs observations à l'homme de communication.

Si les renseignements recueillis annoncent la présence certaine de l'ennemi dans un village, la pointe prend un poste d'observation, et fait conduire au chef de la tête d'avant-garde les habitants qu'elle a pu arrêter.

Lorsque les éclaireurs arrivent pendant la nuit près d'un village, ils se glissent silencieusement jusqu'aux premières maisons, s'arrêtent et écoutent. L'un d'eux cherche à pénétrer dans une maison afin d'en interroger les habitants; il en emmène un au besoin avec lui.

19. *Isolés.* — Les éclaireurs ne se laissent jamais dépasser par des personnes se dirigeant du côté de l'ennemi; elles sont envoyées, ainsi que celles qui viennent en sens contraire, au chef de la pointe, qui leur demande des indications sur l'ennemi ainsi que sur les routes, les accidents du terrain ou les localités qui se trouvent dans le voisinage. Si l'importance de ces indications lui semble réelle, le chef de la pointe fait conduire les personnes interrogées au commandant de la tête d'avant-garde. Tout individu suspect est arrêté.

50. *Rencontre de troupes amies.* — Si la pointe aperçoit une troupe qui paraît amie, le chef de la pointe en informe le commandant de la tête d'avant-garde et se porte à hauteur des premiers hommes pour reconnaître cette troupe. Après avoir constaté son identité, il continue sa marche.

51. *Rencontre de l'ennemi.* — La pointe observe avec soin les différents indices énumérés dans le service des avant-postes, et qui peuvent la renseigner sur la marche et la situation de l'ennemi.

Lorsque les éclaireurs remarquent quelque indice positif de la présence de l'ennemi, ils en préviennent le sous-officier par un signal convenu, s'arrêtent et cherchent à se dissimuler. Le sous-officier se porte à leur hauteur, et rend compte rapidement au chef de la pointe. Les éclaireurs ne font feu que s'il n'y a pas d'autres moyens de prévenir à temps la troupe en arrière.

Si l'ennemi se retire, la pointe continue de marcher sans chercher à poursuivre. Si l'ennemi prend l'offensive avec quelques hommes seulement, la pointe résiste. En cas de forces supérieures, elle se replie avec calme en combattant et en démasquant, si elle le peut, la tête d'avant-garde, qui se porte en avant pour la soutenir.

Tête d'avant-garde.

52. La tête d'avant-garde a pour mission d'appuyer, de renforcer, de soutenir la pointe.

Au moment du départ, son chef reçoit les ordres du commandant de l'avant-garde ; en raison de l'importance de sa mission, il a soin de demander tous les éclaircissements nécessaires. Il prend par écrit l'indication de l'itinéraire, et si lui-même n'est pas muni d'une carte, il consulte celle du commandant de l'avant-garde.

Il recommande au chef de la pointe de détacher
en avant de préférence des hommes dont il a pu
reconnaître l'intelligence et les aptitudes particulières, et parlant autant que possible la langue du
pays. Pendant la marche, il se tient généralement
avec la tête d'avant-garde, mais se porte dans la
direction de la pointe, si les circonstances
l'exigent.

Lorsque la colonne est accompagnée de guides,
l'un d'eux marche généralement avec la tête
d'avant-garde.

Dans les pays découverts, la tête d'avant-garde
étend, s'il est nécessaire, la ligne des éclaireurs
au moyen d'escouades qui se relient avec eux.
Ces escouades ne doivent jamais laisser un obstacle
infranchissable entre elle et la tête d'avant-garde,
de façon à pouvoir toujours rejoindre celle-ci à un
moment donné.

Dans les pays présentant des accidents de terrain qui rendraient difficile la marche de ces
patrouilles, elles suivent les chemins latéraux ; au
besoin elles se contentent d'explorer les chemins
d'embranchement jusqu'à la distance indiquée,
et exécutent ce service en se conformant à ce qui
a été dit pour les éclaireurs.

Tout renseignement qui peut présenter de l'intérêt est immédiatement transmis au commandant
de l'avant-garde, verbalement ou par écrit, suivant
son importance, par l'intermédiaire du chef qui
se trouve le plus à proximité.

53. *Obstacles*. — Lorsque la route est entra-
vée par des obstacles que la pointe ne peut par-

venir seule à écarter, le chef de la tête prend les dispositions nécessaires pour assurer le passage, soit au moyen des outils qui sont à sa disposition, soit en requérant, s'il y a lieu, des ouvriers et des matériaux dans le voisinage. Il prévient le commandant de l'avant-garde du retard qui pourrait être apporté à la marche de la colonne.

54. *Hauteurs.* — Si, parallèlement à la route suivie, il se trouve une ligne de hauteurs, on envoie de petites patrouilles pour observer le versant opposé. On reconnaît de la même façon les alentours d'un défilé.

55. *Bois.* — Lorsque la pointe est insuffisante pour reconnaître un bois, le chef de la tête envoie des patrouilles pour en faire le tour, s'il est possible. Devant les bois de grande étendue, le chef de la tête d'avant-garde renforce la pointe, et fait fouiller avec soin la partie du bois dans laquelle la colonne doit s'engager. Dans ce but, quelques hommes s'avancent avec précaution sur les chemins, s'arrêtent pour écouter, se faufilent dans les bas-fonds et les clairières. Si aucun danger n'est signalé, l'avant-garde continue sa route.

56. *Lieux habités.* — Lorsque la pointe approche d'un village qu'elle est trop faible pour reconnaître, le chef de la tête désigne des hommes qui parcourent rapidement les rues principales. Il fait occuper la gare, les bureaux de la poste et du télégraphe, retient et interroge les habitants arrêtés par la pointe, et envoie cher-cher le chef de la municipalité. Il laisse un déta-chement pour garder les points qu'il a jugé utile d'occuper et les personnes qui doivent être interro-gées par le chef de l'avant-garde. Ces opérations s'exécutent rapidement; la tête reprend immédia-tement sa marche.

Lorsque la présence de l'ennemi dans le voisinage est signalée, le chef de la tête engage avec pré-caution les hommes de la pointe sur la route qu'il doit suivre.

D'autres soldats, par groupes de trois, explorent les autres rues à droite et à gauche, en pénétrant au besoin dans les cours des maisons principales; ils visitent de préférence la mairie, l'église, la poste, le télégraphe, la gendarmerie. Si rien ne vient s'opposer à la marche, on se réunit à la sortie, et le chef de la pointe fait prévenir le comman-dant de la tête d'avant-garde, qui est resté en arrière.

Si on trouve l'ennemi en forces supérieures, la tête d'avant-garde se retire en combattant sur les premières maisons du village, où elle cherche à se maintenir jusqu'à l'arrivée du gros; les hommes dont la ligne de retraite serait coupée prennent, pour rejoindre, des chemins détournés, et s'effor-cent toujours d'échapper à l'ennemi. Le chef de la tête prévient immédiatement le gros de l'avant-garde.

57. *Isolés.* — Il appartient au commandant

de la tête d'apprécier, selon l'importance des renseignements fournis, s'il doit faire conduire les personnes rencontrées au commandant de l'avant-garde.

58. *Rencontre de l'ennemi.* — Quand l'ennemi est signalé par la pointe ou les patrouilles, le chef de la tête d'avant-garde prend ses dispositions ou reconnaît lui-même l'exactitude des renseignements, cherche à découvrir les forces et les dispositions de l'ennemi, et prévient le commandant de l'avant-garde.

S'il est en force, il engage résolûment l'action. Dans le cas contraire, il se replie, ou reste sur la défensive, en attendant l'arrivée du gros de l'avant-garde.

Gros de l'avant-garde.

59. En général et à moins d'ordres contraires, le gros de l'avant-garde prend l'offensive dès que l'ennemi est signalé; en tout cas, il appuie ou recueille des échelons qui le précèdent. Il soutient le combat pendant que le corps principal prend ses dispositions.

Le commandant de l'avant-garde marche habituellement avec le gros de l'avant-garde. il est responsable de la direction de la marche; reçoit à cet effet les instructions du chef de la colonne, et se munit d'une carte ou d'un croquis du terrain.

Il veille à renforcer la tête d'avant-garde, lorsque celle-ci est affaiblie par le service des flanqueurs, et détache des patrouilles pour fouiller les accidents de terrain éloignés, mais importants à observer.

En pays couvert et accidenté, l'avant-garde, afin de mieux couvrir la marche du corps principal, envoie sur les points importants, à droite et à gauche, des patrouilles qui observent le terrain environnant pendant le défilé de la colonne, et qui se replacent ensuite à sa queue. Si la colonne n'est pas trop considérable, ces patrouilles rejoignent l'avant-garde à la première halte; dans le cas contraire, elles restent en queue pendant toute la marche; le commandant de la colonne fait renforcer au besoin l'avant-garde par d'autres fractions constituées, si celle-ci se trouve trop affaiblie par ces détachements.

Il assure le passage de la colonne, en fournissant à la tête d'avant-garde l'aide nécessaire pour déblayer ou réparer la route. Si le passage n'est pas possible, le commandant de la colonne est informé immédiatement.

Si la marche est arrêtée par suite de la rupture d'un pont, le commandant de l'avant-garde prévient le chef de la colonne et fait rechercher en amont et en aval les points de passage, tout en observant la rive opposée. S'il en a les moyens, il s'occupe immédiatement de rétablir le passage.

En arrivant dans un village, le commandant de l'avant-garde questionne le chef de la municipalité, et, s'il y a lieu, lui donne des ordres de réquisition, prend possession de la gare et fait cesser tout mouvement de trains. Il occupe les bureaux télégraphiques, interdit l'usage des appareils, saisit les dépêches, et fait enlever à la poste les dépôts de journaux et de correspondances qui s'y trouvent. Ces différentes opérations s'exécutent rapidement, et dès qu'elles sont terminées, il donne l'ordre à la tête d'avant-garde de reprendre la marche.

Lorsque les troupes ennemies occupent le village, le commandant de l'avant-garde les attaque s'il se croit en force, et cherche à menacer leur ligne de retraite. Si l'attaque n'est pas possible, il informe le chef de la colonne et prend ses dispositions défensives.

En toute circonstance, lorsque l'ennemi est signalé, le commandant de l'avant-garde se porte en avant ou sur un point d'où il puisse reconnaître par lui-même. Après un aperçu rapide, il prend les mesures qui lui semblent les plus convenables pour soutenir le premier choc, et donne de suite avis au chef de la colonne.

Le gros de l'avant-garde maintient toujours ses communications avec la tête d'avant-garde et le corps principal, en échelonnant au besoin des hommes pour ce service.

Halte gardée.

60. Le service habituel de sûreté en marche suffit pour les haltes, qui ne doivent durer que quelques minutes. Lorsqu'on est à proximité de l'ennemi, que la configuration du terrain le rend nécessaire, ou que les haltes doivent être de quelque durée, le commandant du corps principal fait prévenir le chef de l'avant-garde de prendre ses dispositions pour la *halte gardée*.

Le gros de l'avant-garde fait alors le service de réserve, la tête celui de grand'garde, la pointe celui de petit poste, et les éclaireurs s'établissent en sentinelles sur les points les plus favorables à l'observation du terrain. On se couvre sur les flancs et en arrière au moyen de postes détachés.

Marche en retraite.

61. Dans les marches en retraite, l'avant-garde est chargée de faire déblayer la route pour assurer le passage de la colonne. Sa composition est la même que celle d'une arrière-garde dans la marche en avant, et sa distance au corps principal doit être assez considérable pour que la marche de ce dernier ne soit pas retardée.

CHAPITRE III.

Corps principal.

—

Marche du corps principal.

62. Le corps principal, couvert par son avant-garde, marche dans l'ordre le plus convenable pour se mettre rapidement en état de combattre, en se conformant aux prescriptions du n° 36.

Une trop grande profondeur pouvant amener des difficultés dans la marche de la colonne, et même compromettre sa sécurité, le commandant

RÉGIMENT EN MARCHE.

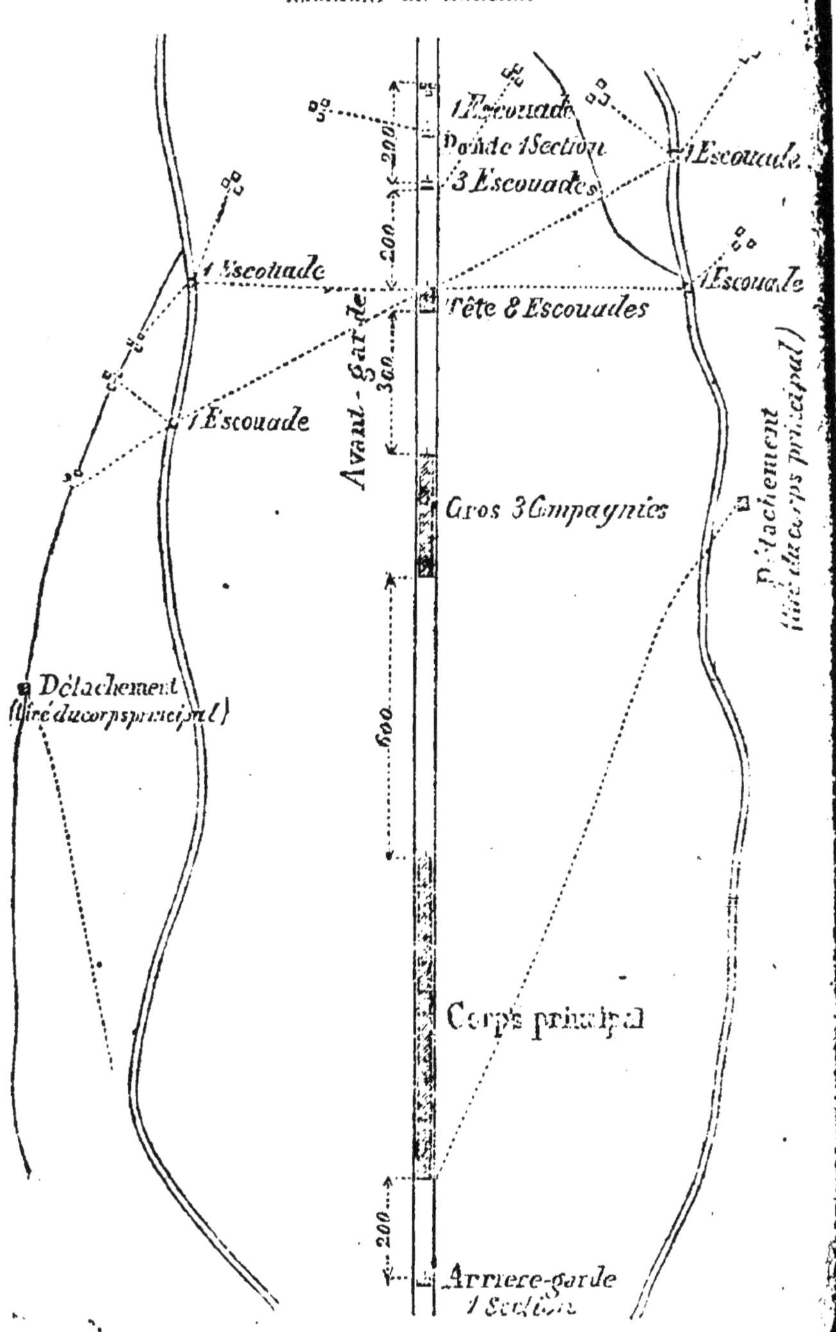

d'une troupe nombreuse la fractionne, s'il est possible, en plusieurs colonnes qui suivent des rou-

COMPAGNIE EN MARCHE.

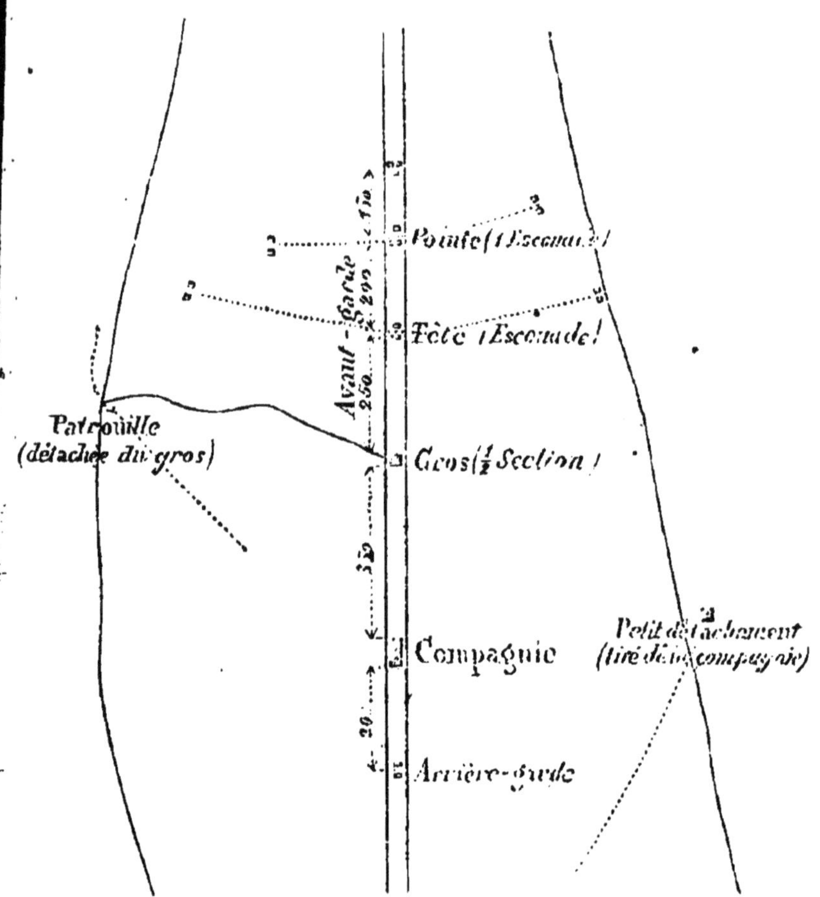

tes parallèles, de manière à pouvoir se protéger
mutuellement.

Les sections de munitions marchent habituellement à la queue des colonnes. Si le général a at-

taché un caisson de munitions à chaque corps de troupes, cette voiture marche avec les chevaux de main à la suite des régiments, sous la surveillance d'un sous-officier cu d'un caporal, suivant la force de la troupe; les voitures d'outils suivent chaque bataillon.

Lorsque la colonne est accompagnée de ses équipages, ceux-ci marchent entre le corps principal et l'arrière-garde, dans l'ordre suivant :

1° Les ambulances ;

2° Les voitures de subsistances;

3° Les bagages.

. Les malades et écloppés marchent devant les ambulances (1).

---

(1) On pourra, pour se rendre compte de la longueur des colonnes, se servir utilement des données suivantes, dans lesquelles on a tenu compte de l'allongement d'un tiers qui se produit fréquemment dans les marches. Les corps sont supposés d'ailleurs avoir leur effectif de guerre au complet.

Un régiment d'infanterie à trois bataillons.	1,075 mèt.
Un régiment de cavalerie à quatre escadrons et marchant en colonne par quatre.	740
Une batterie d'artillerie montée.........	260
Une batterie d'artillerie à cheval........	340
La longueur totale de la partie combattante d'une division d'infanterie (12 bataillons, 4 batteries, génie, colonnes de munitions et ambulances de la division) est de.........	7,090
La longueur du convoi d'une division d'infanterie (voitures de bagages et des différents services, de vivres régimentaires, d'effets et de subsistances) est de.........	2,160
Celle du convoi d'une brigade de cavalerie (ambulances, voitures de vivres et de bagages) est de..............................	470

Dans aucun cas, la présence des équipages n'est tolérée au milieu des troupes, dont ils pourraient retarder la marche.

L'avant-garde suffit généralement, comme il a été dit plus haut, à protéger les flancs d'une colonne en marche, lorsque la force de cette colonne ne dépasse pas celle d'une brigade; quelquefois cependant l'allongement produit par les difficultés de la marche, la présence constatée de l'ennemi sur un des flancs, ou la nature du terrain, peuvent obliger le corps principal à fournir des détachements de flanqueurs.

Ces détachements marchent à hauteur du corps principal, en suivant autant que possible les chemins latéraux, et se tiennent en communication, non-seulement avec lui, mais aussi avec les patrouilles de flanqueurs envoyées par l'avant-garde. Ils cherchent à dérober leur présence à l'ennemi en s'avançant le plus possible à couvert, et s'éclairent eux-mêmes au moyen de petites patrouilles de trois hommes qui se maintiennent en vue de la fraction chargée de les soutenir.

Lorsque les détachements de flanc marchent éloignés du corps principal, on doit leur attacher quelques cavaliers qui assurent leurs communications et transmettent rapidement les renseignements recueillis.

Dans certains cas, par exemple, lorsqu'il n'y a pas de chemins latéraux, lorsque leur marche devient difficile, ou que cela est nécessaire pour la sécurité de la colonne, ces détachements prennent position sur les points dominants à droite ou à gauche ; ils y restent pendant que le corps principal défile, rejoignent ensuite la queue de la colonne, et profitent de la première halte pour regagner leur place.

Dans les haltes gardées, le corps principal couvre ses flancs au moyen de postes détachés qui se placent sur des points favorables pour observer les environs.

CHAPITRE IV.

Arrière-garde.

—

But et composition.

63. Le rôle de l'arrière-garde, au point de vue du service de sûreté, consiste à surveiller les derrières de la colonne pour empêcher l'approche des partis ennemis.

L'arrière-garde a, en outre, une mission d'ordre et de police ; elle arrête les maraudeurs, empêche les traînards de rester en arrière et les force à continuer leur route.

Le commandant de l'arrière-garde veille, concurremment avec le commandant du convoi, à ce que les voitures serrent à leur distance et ne s'arrêtent que lorsque la colonne fait halte elle-même.

L'arrière-garde est habituellement composée de la manière suivante :

Pour une brigade ou un régiment, une demi-compagnie ou une section.

Pour un bataillon, deux escouades, sous le commandement d'un officier ou d'un sous-officier.

Pour une compagnie, une escouade commandée par un caporal.

L'arrière-garde se maintient à 200 mètres de distance du corps principal ou des dernières voitures du convoi. Trois hommes marchant à 100 mètres plus loin forment la pointe d'arrière-garde.

En cas d'urgence, le chef de l'arrière-garde expédie sur-le-champ un soldat au commandant pour lui rendre compte.

Dans les haltes gardées, l'arrière-garde fait demi-tour et exerce sa surveillance dans un rayon plus étendu pour couvrir les derrières de la colonne.

Marche en retraite.

64. Dans une marche en retraite, l'arrière-garde est destinée à couvrir et à assurer les derrières de la colonne principale. Sa force est égale à celle de l'avant-garde dans la marche en avant; son rôle est purement défensif.

Si l'ennemi ne suit que de loin, l'arrière-garde reste fractionnée comme il a été indiqué pour l'avant-garde, et envoie en outre quelques hommes dans la direction de l'ennemi pour se renseigner sur sa marche.

Si, au contraire, elle est vivement pressée par l'ennemi, elle doit résister en maintenant autant que possible la distance qui la sépare du corps principal, afin de donner à celui-ci le temps d'effectuer sa retraite; cependant, elle ne doit pas laisser trop augmenter cette distance, afin de ne pas être coupée; elle cherche, par tous les moyens dont elle dispose, à ralentir la poursuite de l'adversaire, en créant tous les obstacles qui peuvent entraver sa marche.

L'arrière-garde, dans une retraite, ne doit jamais laisser aux mains de l'ennemi un matériel de guerre dont il pourrait tirer parti; si elle ne peut pas l'emmener, elle le met hors d'état de servir.

CHAPITRE V.

Infanterie en combinaison avec d'autres armes.

—

Dispositions générales.

65. Lorsqu'un corps de troupes dans lequel les trois armes se trouvent réunies marche loin de l'ennemi, on forme autant que possible des colonnes séparées d'infanterie, de cavalerie et d'artillerie, ce qui rend la marche plus rapide et moins fatigante, puisque chaque arme peut conserver la vitesse qui lui est habituelle. Si, au contraire, les circonstances obligent à maintenir les différentes armes réunies, la cavalerie et l'artillerie s'efforcent de ne pas gêner la marche de l'infanterie et règlent leur allure d'après le principe de subordonner les troupes qui vont plus vite à celles qui se meuvent plus lentement.

Le chef de la colonne fixe l'ordre de marche d'après la nature du terrain, la position probable de l'ennemi et les meilleures dispositions à prendre pour l'offensive ou la défensive. En général, on prend une formation en rapport avec la largeur de la route, et l'on cherche toujours à donner le moins de profondeur possible à la colonne, afin de faciliter le déploiement en cas d'attaque.

L'emploi et le service des armes varient nécessairement en raison de la proportion qui existe entre ces dernières. Tous les cas particuliers qui peuvent se présenter ne sauraient être précisés, mais il semble convenable d'examiner comment doit marcher :

1º Une colonne d'infanterie à laquelle est attachée de l'artillerie ;

2º Une division d'infanterie à laquelle est attaché un régiment de cavalerie.

Colonne d'infanterie ayant de l'artillerie.

646. Lorsqu'une ou plusieurs batteries marchent avec des troupes d'infanterie, leur place est derrière le bataillon ou au moins le régiment tête de colonne du corps principal.

Lorsque l'avant-garde présente une certaine force (un régiment au moins), on y détache une ou deux batteries qui marchent en général avec le gros de l'avant-garde, habituellement derrière le bataillon de tête.

On ne détache une fraction de cette artillerie à la tête d'avant-garde que dans des cas excep tionnels et lorsque le terrain permet un emploi avantageux de cette arme. Cette fraction s'établit dans une position favorable, et soutient le combat qu'engage le bataillon de tête pour arrêter la marche de l'ennemi.

Il est fait usage du canon dans une avant-garde contre les obstacles sérieux que la troupe peut rencontrer. Le feu de l'artillerie a également pour but de provoquer un déploiement réel des forces de l'adversaire; toutefois, on doit s'abstenir de tirer sur des pelotons isolés auxquels on ne pourrait causer que des pertes insignifiantes. Mais si, au lieu de se trouver en présence de fractions de troupes peu importantes, l'avant-garde arrive à portée des bivouacs ou de colonnes en mouvement, l'artillerie doit ouvrir son feu sans hésitation. Le trouble et le désordre qu'elle peut causer seront d'autant plus grands que l'attaque aura été plus inopinée. L'infanterie pourra alors trouver le moyen d'intervenir plus efficacement.

L'artillerie employée à l'arrière-garde est toujours protégée par les détachements d'infanterie qui couvrent la retraite. Elle tient l'ennemi à distance, en profitant successivement de toutes les positions favorables qu'offre le terrain.

Division d'infanterie marchant avec un régiment de cavalerie.

67. La cavalerie fournit toujours la pointe et la tête d'avant-garde, qui marchent comme il a été indiqué dans l'Instruction sur le service de la cavalerie en campagne; elle assure également le service de correspondance entre les diverses fractions de la colonne.

Dans ce cas, la tête d'avant-garde, en raison de sa faible composition, ne pouvant avoir qu'une action défensive très faible, doit habituellement être appuyée par une troupe de soutien détachée du gros et marchant à 500 ou 600 mètres d'elle.

L'infanterie forme la force principale de ce soutien ; on lui adjoint, suivant le terrain et les circonstances, des détachements des autres armes, et entre autres une section du génie qui marche en tête.

La cavalerie de l'avant-garde fournit les détachements chargés d'éclairer la colonne en avant de ses flancs, jusqu'à hauteur du corps principal.

En pays de plaine, la proportion de la cavalerie employée à l'avant-garde doit être assez considérable pour permettre d'explorer le pays à de grandes distances.

En terrain très accidenté ou couvert de bois difficiles à traverser, l'infanterie, au contraire, constitue la force principale de l'avant-garde, prend la tête du gros et fournit les patrouilles de flanqueurs lorsque les points à explorer sont d'accès difficile à la cavalerie. Dans le passage des défilés, par exemple, si les troupes à cheval étaient employées comme force principale de l'avant-garde, elles seraient exposées, en cas d'attaque, à être rejetées sur l'infanterie et l'artillerie, ce qui paralyserait dans ces deux armes une partie des moyens d'action.

Les fractions des différentes armes qui composent l'avant-garde sont placées sous les ordres d'un officier désigné par le commandant de la colonne. Si cette désignation n'a pas été faite, l'officier le plus élevé en grade dans les troupes qui composent l'avant-garde prend le commandement.

Le commandant de l'avant-garde marche habituellement avec le gros; il peut cependant se porter à la troupe de soutien de la tête, pour avoir plus promptement connaissance des divers incidents qui peuvent se produire, et pour être à même de prendre rapidement une détermination qui, retardée, pourrait perdre toute efficacité.

Le corps principal, formé du reste de la division, est précédé des autres escadrons de cavalerie, moins un peloton destiné à l'arrière-garde. Cette disposition a pour but d'assurer les communications avec d'autres colonnes qui pourraient suivre des chemins parallèles, de faciliter la liaison avec l'avant-garde et de soutenir les patrouilles de flanqueurs que celle-ci a détachées. En terrain coupé ou couvert, lorsqu'on ne peut l'employer avantageusement, cette cavalerie est placée à la queue de la colonne.

Dans les marches en retraite, les circonstances peuvent nécessiter le groupement de tout le régiment de cavalerie à l'arrière-garde. Son rôle consiste principalement à inquiéter par des attaques de flanc les colonnes ennemies, si elles se montraient trop pressantes, et à soutenir l'artillerie, qui, dans cette circonstance, a besoin d'une grande mobilité.

TROISIÈME PARTIE.

Instruction pratique sur le service de reconnaissance.

Le service de reconnaissance dans son ensemble comprend :

1º Les patrouilles;
2º Les reconnaissances ordinaires;
3º Les reconnaissances spéciales :
4º Les reconnaissances offensives.

Le service des patrouilles est intimement lié à celui des avant-postes et à celui des marches, dont il est le complément indispensable; c'est à ce titre qu'il a été traité dans les parties précédentes de l'instruction. D'autre part, il ne saurait entrer dans le programme de cette instruction de faire des exercices d'application pour les reconnaissances spéciales et pour les reconnaissances offensives. Les premières exigent des connaissances particulières (1), et rentrent dans les attributions des officiers d'armes spéciales;

----

(1) Le but des reconnaissances spéciales, tel qu'il a été défini par le service en campagne de 1832, peut être atteint aujourd'hui, en grande partie du moins, par les reconnaissances ordinaires qui font l'objet de ce chapitre. Le mot *spéciales* semble donc devoir être réservé pour les opérations de cette nature qui demandent surtout des connaissances techniques.

l'infanterie n'y concourt que comme escorte. Les reconnaissances offensives appartiennent aux opérations générales, dont le commandant en chef a seul la direction.

La troisième partie de l'Instruction pratique n'aura donc trait qu'à l'enseignement du service des reconnaissances ordinaires, et, dans l'exécution même, les exercices qu'elle comporte pourront souvent se faire concurremment avec ceux des deux premières parties. Lorsqu'on exécute l'instruction pratique des avant-postes, par exemple, la réserve d'avant-postes ou le corps principal peuvent être chargés d'envoyer des reconnaissances ordinaires, indépendamment du service des patrouilles fournies par les premières lignes.

Dans les exercices relatifs au service de reconnaissance, on prend toujours pour les haltes la position de halte gardée.

Instruction de la section.

L'instruction pratique de la section se divise en trois articles :

Le premier est exécuté par une section isolée ;

Le deuxième par deux sections opposées l'une à l'autre ;

Le troisième comprend le service de reconnaissance pendant la nuit.

ARTICLE Ier.

Le chef de la section, avant de mettre sa troupe en marche, lui explique le but particulier de l'opération qu'il s'agit d'entreprendre ; il lui fait connaître, en outre, que les hommes n'en doivent pas moins, pendant toute la durée de la marche, porter leur observation sur chacun des points du terrain et rechercher les indices qui pourraient signaler la présence de l'ennemi.

Le chef de section met la section en marche en appliquant les règles prescrites pour le service de sûreté. A mesure que le terrain présente un accident d'une certaine importance, il envoie une petite patrouille composée d'anciens et de jeunes soldats ; il la dirige soit en avant de la colonne, soit sur les flancs, en lui indiquant l'endroit où elle doit rejoindre la section, selon que celle-ci se porte en avant ou en arrière.

Chacune de ces patrouilles reçoit l'ordre d'aller reconnaître un chemin, un cours d'eau, un défilé, un bois, une hauteur, une plaine, etc.. et vient rendre compte au point indiqué, aussitôt que son exploration est terminée.

Pour les premiers exercices de reconnaissance d'un village, le chef de section arrête sa troupe à l'entrée ; il envoie plusieurs patrouilles, en assignant à chacune d'elles une mission particulière, telle que : reconnaître, comme il a été dit aux exercices de marche, l'emplacement des points principaux du village ; prendre des renseignements auprès des habitants sur le chiffre de la population et les différentes ressources dont elle dispose ; s'informer des routes qui aboutissent au village ; s'enquérir

du nom et de l'éloignement des localités voisines.

Pour la reconnaissance des chemins de fer, on
se borne, dans les premiers exercices, à suivre
la voie extérieurement, s'il est possible, et à signaler les emplacements des gares, les passages à
niveau, les ouvrages d'art, encaissements, remblais, etc., et enfin à rechercher les points du tracé
sur lesquels la destruction de la voie pourrait
s'exécuter le plus facilement.

ARTICLE II.

Deux sections sont opposées l'une à l'autre.
Elles sont commandées par leurs chefs, sous la
direction du capitaine.

L'une des sections s'établit en petit poste et
place ses sentinelles sur un emplacement dont
l'autre section connaît seulement la direction
générale. Cette dernière section, faisant application du service de reconnaissance, cherche à
déterminer la position de l'adversaire et à surprendre la vigilance de ses sentinelles, tout en
étudiant la configuration du terrain et les avantages qu'il peut offrir pour l'attaque et la défense.

On peut également mettre les deux sections en
marche sur des routes différentes ; chacune d'elles
cherche à reconnaître, au moyen de ses patrouilles,
la direction suivant laquelle s'avance le parti opposé,
et à déterminer sa force ainsi que celle de ses
divers détachements.

Dans les exercices de l'article II, on interdit
d'abord toute espèce de combat simulé, et l'on

ordonne aux hommes de se maintenir à une certaine distance de l'adversaire en se dissimulant le plus possible. Un détachement trop faible, ou placé dans des conditions trop désavantageuses pour résister à une force numériquement supérieure, doit se retirer, et toute poursuite se borne à une observation éloignée de la direction suivie par la troupe qui bat en retraite.

Quand les hommes sont affermis dans la pratique de ce service, on peut admettre que la rencontre de deux reconnaissances amène un simulacre de combat qui est dirigé conformément aux règles prescrites.

ARTICLE III.

Application du service de reconnaissance pendant la nuit.

Afin de faciliter les premiers exercices, les sections sont conduites sur un terrain qu'elles ont déjà parcouru pendant le jour.

Instruction de la compagnie.

Les exercices d'application du service de reconnaissance pour une compagnie sont dirigés par le capitaine, d'après un programme donné sous forme d'ordre par le chef de bataillon.

L'ordre fait connaître le but détaillé de la mission et les hypothèses relatives à la position et aux mouvements de l'ennemi. Il détermine l'heure du départ, l'itinéraire à suivre et la durée de la reconnaissance.

Le chef de bataillon donne également ses instructions en ce qui concerne la forme des rapports à établir, et prescrit, quand il le juge convenable, d'y joindre des croquis dont il détermine l'échelle.

Le capitaine prend ses dispositions d'après ce programme, le communique aux officiers ainsi qu'aux sous-officiers qui auraient un service particulier à exécuter, et donne à chacun ses ordres en conséquence.

L'instruction pratique de la compagnie se divise en trois articles :

Art. Ier. Exercices de reconnaissance par une compagnie isolée.

Art. II. Exercices pour deux compagnies opposées l'une à l'autre.

Art. III. Application du service de reconnaissance pendant la nuit.

ARTICLE Ier.

Le capitaine met sa compagnie en marche en la couvrant au moyen d'une avant-garde, de flanqueurs et d'une arrière-garde, comme il est prescrit au service de marche.

Arrivé sur le terrain à reconnaître, il établit en réserve le gros de la compagnie sur un point facile à défendre et d'où l'on puisse, autant que possible, voir sans être vu. Il explique que cette portion de troupe est destinée à servir de centre de résistance, dans le cas où les fractions chargées de la partie mobile de l'ex_

ploration seraient forcées de se replier. Lui-
même se porte, sous la protection d'un détachement dont il détermine l'effectif, dans la direction
qui lui a été indiquée pour sa reconnaissance,
en ayant soin d'assurer ses communications avec
la réserve.

Afin d'explorer le plus de terrain dans le
moins de temps possible, le capitaine peut
également envoyer dans la direction générale,
mais par des routes différentes, des patrouilles
commandées par des officiers ou des sous-officiers intelligents, qui reconnaissent les points où
il n'aurait pu se rendre lui-même. Lorsque ces
reconnaissances partielles sont terminées, les différents détachements se replient sur le gros de la
compagnie.

Si le terrain est d'une certaine étendue, on procède de la même manière, le gros de la troupe
s'établissant successivement sur les points les plus
favorables à la défense, de façon à soutenir ses
patrouilles; ou bien, l'exploration se fait, si l'on
peut, sans interrompre la marche.

ARTICLE II.

Deux compagnies sont opposées l'une à l'autre
et répètent ce qui a été prescrit à l'article II de
l'instruction de la section. L'exercice est dirigé
par le chef de bataillon.

On peut aussi donner à chacune des compagnies une mission particulière et les amener
à se rencontrer; chacune d'elles se conforme
aux instructions et aux ordres qui lui sont
donnés.

Article III.

Application du service de reconnaissance pendant la nuit.

Afin de faciliter les premiers exercices, les compagnies sont conduites sur un terrain qu'elles ont déjà parcouru pendant le jour.

Instruction du bataillon.

On répète avec un bataillon les exercices prescrits par les trois articles de l'instruction de la compagnie. Lorsqu'il y a combat, le colonel ou le lieutenant-colonel fait les fonctions d'arbitre.

Dans les exercices de nuit, les chefs de tous grades recommandent et exercent eux-mêmes la plus grande surveillance, en raison des difficultés particulières de ce service, ainsi que pour prévenir les accidents ou les dégâts qu'il pourrait occasionner.

DÉVELOPPEMENT DES RÈGLES SERVANT DE BASE
A L'INSTRUCTION PRATIQUE.

CHAPITRE PREMIER.

But du service de reconnaissance.

68. Le service de reconnaissance est fait plus particulièrement par la cavalerie. Pourtant, il peut être accidentellement nécessaire d'y employer l'infanterie seule ; d'ailleurs, cette arme servira souvent d'appui aux reconnaissances de cavalerie.

Les reconnaissances ont pour but de découvrir ou de vérifier un ou plusieurs points relatifs à la position, aux mouvements de l'ennemi, aux ressources du pays et à la topographie du théâtre de la guerre. Ce service comprend : celui des patrouilles, qui a été traité aux chapitres des avant-postes et des avant-gardes, et celui des reconnaissances, qui sont de trois sortes : les reconnaissances ordinaires, les reconnaissances spéciales et les reconnaissances offensives. Comme il a été dit précédemment, il ne sera question dans ces développements que des reconnaissances ordinaires.

Les renseignements fournis par le service de reconnaissance sont rapprochés de ceux que procurent les autres moyens d'information qui existent en campagne : rapports de voyageurs, de prisonniers, de déserteurs, d'espions, etc. Ces divers renseignements doivent se contrôler les uns les autres. Généralement, la centralisation en appartient à l'état-major.

CHAPITRE II.

Reconnaissances ordinaires.

—

Objet des reconnaissances ordinaires.

69. Les reconnaissances ordinaires ont pour objet :

1° De rechercher l'emplacement occupé par l'ennemi, et de reconnaître autant que possible, sur chaque point, la force de ses troupes, la configuration de ses positions, les défenses qu'il peut y avoir établies, la difficulté ou les moyens de les aborder ;

2° D'observer si l'ennemi ne fait pas de préparatifs de marche ou d'action, s'il n'est pas en mouvement, et, dans ce cas, de rester autant que possible en contact avec lui ;

3° Enfin d'étudier la configuration du terrain, les facilités ou les obstacles qu'il présente pour l'offensive, la défensive ou la retraite, les communications et les ressources du pays.

L'exploration des reconnaissances se fait en dehors de la zone parcourue par les patrouilles. Elles sont ordonnées par les généraux. Leur force et leur composition dépendent du but de leur mission, de la nature du pays, de la distance à laquelle elles doivent se porter, et de l'utilité qu'il peut y avoir à dissimuler leur présence.

Elles s'exécutent aussi souvent qu'on le juge nécessaire ; elles sont plus fréquentes dans le voisinage de l'ennemi ; dans ce cas, on fait varier leur itinéraire.

Le commandant d'une reconnaissance reçoit toujours des instructions précises, et ne se met en route qu'après avoir bien compris le but de sa mission ; il s'entoure de tous les renseignements qui peuvent faciliter l'exécution des ordres qui lui ont été donnés.

Lorsqu'il est nécessaire de prendre un guide,

il le choisit parmi les gens connaissant bien tout le pays, afin de ne pas être obligé de lui désigner, avant le départ, le point précis sur lequel on marchera.

Chaque reconnaissance veille à sa propre sûreté, et, selon que son effectif le permet, détache une avant-garde, une arrière-garde et des flanqueurs. Celui qui la commande doit examiner pendant sa marche l'ensemble et les détails du terrain, et en reconnaître les points les plus importants, ceux surtout qui peuvent être utilisés en cas de retraite.

Souvent, soit afin de battre le plus de terrain possible, soit pour faire perdre à l'ennemi sa trace, il évite de suivre au retour le chemin par lequel il est parti.

Si le chef de la reconnaissance n'a pas d'intérêt à tenir secret le but poursuivi, il le communique à celui qui serait appelé à prendre le commandement après lui; il peut même l'indiquer à ses autres subordonnés, afin que chacun, sachant le motif pour lequel on le fait agir, contribue plus utilement à la bonne exécution de la mission commune.

Détails à observer.

70. Les détails sur lesquels l'attention du chef de la reconnaissance doit porter principalement sont les suivants :

Chemins. — État de viabilité, pentes, largeur du front sur lequel on peut passer; bordés de haies ou de fossés; s'ils vont droit ou s'ils serpontent ; encaissés ou formant chaussée : pays, rivières, villes ou villages qu'ils traversent.

Chemins de fer. — Tunnels, déblais, remblais, points de passage, nombre de voies, leur état, vérification de leur écartement; stations, quais d'embarquement, aiguillage, réservoirs à eau, télégraphe; approvisionnement de charbon, nombre de voitures et de locomotives, classement du matériel roulant.

Cours d'eau. — Points de passage les plus favorables aux troupes de différentes armes. Largeur, profondeur, nature des bords; leur élévation relative; position des ponts, bacs ou gués (dans les terrains d'alluvion, les gués sont généralement situés en aval d'un coude de la rivière, et leur position est presque toujours indiquée par un chemin qui aboutit à la rivière et se prolonge de l'autre côté); direction, nature du fond et largeur des gués, leur profondeur, qui ne doit pas excéder, pour l'artillerie, 65 centimètres; pour l'infanterie, 1 mètre (80 centimètres, si le courant est rapide), et pour la cavalerie, $1^m,20$; maisons ou villages situés sur les bords du cours d'eau; ressources en bateaux, bacs et matériaux qui peuvent s'y trouver.

Canaux. — Largeur, points de passage, écluses, déversoirs; état et largeur des chemins de hallage.

Digues. — Leur nature, leur hauteur, leur épaisseur.

Défilés. — Longueur, largeur, viabilité; nature des hauteurs dominantes et des débouchés; moyens de rétablir ou d'intercepter le passage.

Bois. — Étendue, situation par rapport à la route suivie; voies de communication qui les traversent; possibilité de se retrancher à l'aide d'abatis; moyens de tirer parti des fourrés et des clairières; villages ou positions militaires qui peuvent exister aux alentours.

Hauteurs. — Situation, élévation, nature, pentes; moyen d'atteindre leur sommet ou de les franchir; emplacements de défense ou de campement qu'elles présentent.

Plaines. — Étendue, noms et nombre des villages qu'on aperçoit; nature du terrain et des cultures; bouquets de bois, clôtures, cours d'eau ou marais, fossés larges et profonds, ou chemins creux, obstacles qui peuvent gêner les mouvements des troupes.

Lieux habités. — Situation et importance; ressources de toute nature qu'ils renferment pour la nourriture, l'entretien et le cantonnement des troupes, moyens de transport qu'ils peuvent fournir; établissements hospitaliers; disposition des principales maisons, des églises, cimetières, etc.; moyen de les mettre en état de défense.

Le commandant d'une reconnaissance ne néglige aucune occasion de se procurer les renseignements utiles à son entreprise. Il questionne avec soin tous les gens qu'il rencontre sur sa route; dans les villages, il interroge non-seulement le chef de la municipalité, les notables, etc., mais encore les jeunes gens et les enfants qui, se tenant moins sur leurs gardes, sont plus disposés à répéter ce qu'ils ont vu et entendu.

Si les mauvaises dispositions des habitants l'y obligent, il menace ceux-ci de frapper des amendes ou d'emmener des otages.

Il s'empare des journaux, dépêches et lettres saisis à la poste ou chez les habitants, en fait traduire ou analyser les passages importants, et s'en fait rendre compte. Il assure ou arrête, suivant ses instructions, l'emploi des lignes télégraphiques.

Tous les détails énoncés ci-dessus ne peuvent être observés également dans le cours d'une reconnaissance; le commandant s'attachera donc d'une manière spéciale à l'étude des détails qui lui auront été indiqués ou qui lui paraîtront se rattacher plus étroitement à l'objet de sa mission.

Rencontre de l'ennemi.

71. Le commandant d'une reconnaissance ne doit pas chercher les occasions de combattre: son devoir est de recueillir et de rapporter des renseignements, Il ne sacrifie jamais le but de sa mission au désir de se signaler.

Lorsqu'une reconnaissance rencontre l'ennemi, elle l'observe. S'il ne s'agit que de petits détachements, elle cherche surtout à faire des prisonniers, en évitant de se laisser entraîner dans une embuscade.

Si l'ennemi est arrêté, elle cherche à s'établir sur quelque hauteur couverte de bois ou dans tout autre lieu lui permettant de voir le terrain environnant sans être aperçue. Le chef de la reconnaissance s'efforce de découvrir la composition des troupes ennemies et leur effectif. Dans tous les cas, il étudie leur manière de se garder, l'emplacement de leurs postes de sûreté, les chemins qui y conduisent.

Quand l'ennemi se retire, on le suit en se dissimulant le plus possible.

Lorsqu'il s'avance rapidement dans la direction de l'armée, le commandant de la reconnaissance n'hésite pas à engager le combat, s'il est important de retarder ce mouvement offensif et si ses forces le lui permettent. Dans ce cas, il expédie des estafettes, et annonce, s'il est nécessaire, sa retraite et la marche de l'ennemi, par l'incendie de quelque cabane, de quelque meule de paille ou par tout autre signal convenu d'avance.

Rapports.

72. Les rapports envoyés pendant la durée d'un service sont faits par écrit autant que possible; leur rédaction doit être concise sans obscurité, et présenter les faits simplement, sans en exagérer ou en diminuer l'importance.

Celui qui les établit y distingue expressément ce qu'il a vu par lui-même des récits dont il n'a pu vérifier personnellement l'exactitude.

Si l'on a un intérêt majeur à ce qu'un rapport parvienne, et si l'on craint qu'il ne soit enlevé, il est envoyé en double ou même en triple expédition, et par des routes différentes. Souvent il est nécessaire d'en communiquer le contenu au porteur et de le charger de prévenir le destinataire du nombre d'estafettes qui lui ont été expédiées dans le même but. Mais il n'est jamais fait mention du duplicata sur les rapports.

On se conforme, pour les détails de rédaction, format, etc., au modèle A joint à la présente instruction.

MODÈLE A.

FEUILLE.

Le papier est quadrillé au recto et au verso.

Les carrés ont un centimètre de côté, ce qui représente 200^m à l'échelle de $\dfrac{1}{20,000}$.

Le papier doit être assez épais. La feuille est pliée en deux dans l'enveloppe.

Indiquer toujours les grade, nom et fonctions de l'expéditeur, ainsi que les grade et fonctions du destinataire.

Indiquer également les date, heure et minute en se servant des mots *matin* et *soir*, et jamais des mots *nuit, après-midi*, etc.

Mentionner, s'il y a lieu, la carte dont on s'est servi.

Largeur : 135 millimètres.

Hauteur : 207 millimètres.

Expédié le à h. m.
Arrivé le à h. m.
matin ou soir
Lieu de départ :

ENVELOPPE.

A la désignation *vitesse*, maintenir le mot indiquant l'allure à employer et effacer les deux autres.

L'enveloppe doit être gommée

Largeur : 140 millimètres.

Hauteur : 110 millimètres.

Départ : h. m. matin
Arrivée : h. m. ou soir.

Signat. du destinataire.

Vitesse : ordinaire accélérée. rapide.

A M.

à

L'enveloppe est rendue au porteur.

Lorsqu'il n'est pas possible d'expédier un rapport écrit, on le transmet verbalement. Celui qui l'envoie doit se le faire répéter par le porteur, afin de s'assurer que celui-ci a bien compris et qu'il peut même, au besoin, fournir des explications complémentaires, s'il lui en est demandé.

Le porteur d'une dépêche doit toujours la détruire plutôt que de la laisser tomber aux mains de l'ennemi.

Lorsque la reconnaissance est terminée, un rapport général doit mentionner :

1° L'objet de la mission, la composition et l'effectif de la troupe. la date et l'heure du départ et du retour, la route suivie et l'ordre de marche ;

2° Les événements survenus ou les nouvelles recueillies.

Postes de correspondance.

73. Toute reconnaissance doit regarder comme une des conditions essentielles de sa mission l'envoi immédiat des renseignements recueillis au commandant de la troupe dont elle est détachée. D'autre part, elle doit être en mesure de recevoir rapidement les avis et les ordres. De là résulte la nécessité d'attacher à une reconnaissance d'infanterie de quelque importance un certain nombre de cavaliers qui seront chargés du service de correspondance.

Le rôle et les fonctions de ces cavaliers sont indiqués dans l'instruction pratique sur le service de la cavalerie en campagne.

CHAPITRE III.

Infanterie en combinaison avec d'autres armes.

74. La cavalerie est, en général, chargée seule des reconnaissances de plaines; les reconnaissances de lieux montueux et boisés se font par l'infanterie, accompagnée de quelques cavaliers, pour transmettre les nouvelles urgentes. Quand la reconnaissance doit être conduite à travers un pays varié, on peut faire marcher conjointement les deux armes: la cavalerie pour protéger en plaine la retraite de l'infanterie; l'infanterie pour assurer la retraite de la cavalerie par l'occupation d'un défilé ou d'un point dominant.

La combinaison de l'infanterie et de la cavalerie permet de donner aux reconnaissances une plus grande force de résistance, et d'étendre leur champ d'exploration. L'adjonction de l'artillerie ne fait qu'augmenter leurs moyens d'action en puissance et en portée.

Lorsque les différentes armes concourent ensemble au service de reconnaissance, la cavalerie prend la tête toutes les fois que le terrain le permet, et, pour explorer le pays aussi loin que possible, elle peut laisser l'infanterie très en arrière. Celle-ci occupe successivement les positions défensives qui lui paraissent les plus favorables. Dans la marche rétrograde, l'ordre est généralement inverse, l'infanterie prenant à son tour la tête de la colonne.

Afin de ne pas nuire à la rapidité des reconnaissances auxquelles participeraient des détachements d'infanterie, on peut transporter ceux-ci en voiture. Les voitures dont il est fait usage sont fournies par réquisition ; on prend de préférence des voitures de grande dimension, et l'on veille à ce que le soldat ne se sépare jamais de son fusil ni de son sac.

Indépendamment du soutien que l'artillerie offre aux différentes armes, son usage opportun dans une reconnaissance permet de fouiller à grande distance, et sans s'aventurer, un bois, un village, etc., qui paraîtraient occupés par l'ennemi. La place de l'artillerie dans la colonne est réglée par le commandant de la reconnaissance, auquel il appartient de juger si elle doit rester avec l'infanterie pour l'aider dans son rôle de résistance, ou suivre immédiatement la cavalerie dans son mouvement en avant.

QUATRIÈME PARTIE.

Instruction pratique
pour les cantonnements et les bivouacs.

—

Cantonnements.

L'établissement de l'infanterie au cantonnement, qui doit être aussi fréquent que possible en temps de guerre, devient, comme exercice pratique, d'une application très difficile pendant la paix, en raison des charges qu'il ferait peser sur la population.

Cependant, on pourra exercer les troupes par compagnie, puis par bataillon et par régiment, à certains détails, tels que : les fonctions et devoirs qui incombent aux officiers et sous-officiers qui composent le groupe dénommé *du campement*, la répartition du cantonnement, les devoirs des fourriers, la désignation de la place d'armes ou des points particuliers de rassemblement, le service de la garde de police, enfin les mesures à prendre pour maintenir l'ordre dans les cantonnements.

Les rassemblements pour les grandes manœuvres et les routes à l'intérieur fournissent l'occasion d'appliquer cette instruction d'une manière plus complète.

Dans les cantonnements du temps de paix, le commandant du cantonnement peut faire donner quelquefois le signal d'alerte. On se borne alors à faire exécuter les dispositions concernant la troupe, en évitant toute gêne pour les habitants.

Bivouacs.

Les exercices pratiques pour l'établissement et le service au bivouac sont d'abord exécutés par compagnie, puis par bataillon et par régiment. L'officier qui commande, après avoir fait reconnaître un emplacement convenable, exerce sa troupe à prendre rapidement les dispositions qui s'appliquent aux différentes manières de bivouaquer.

Autant que possible on profite de l'instruction sur les bivouacs pour faire les applications du service de sûreté, en protégeant la troupe par son avant-garde, ses flanqueurs et son arrière-garde à l'aller et au retour, et en la couvrant par ses avant-postes pendant l'établissement au bivouac.

Lorsque les troupes sont familiarisées avec les détails de cette installation, on complète l'instruction en les maintenant au bivouac pendant la journée tout entière et même pendant vingt-quatre heures, selon les ordres des commandants de corps d'armée.

Le commandant du bivouac fait donner le signal d'alerte lorsqu'il le juge convenable pour habituer les troupes à se former rapidement et avec ordre.

DÉVELOPPEMENT DES RÈGLES SERVANT DE BASE
A L'INSTRUCTION PRATIQUE.

CHAPITRE PREMIER.

Définitions.

Cantonnements, bivouacs, camps et campement.

75. On entend par *cantonnements* l'ensemble des lieux habités que les troupes occupent sans y être casernées; par *bivouacs*, l'endroit où les troupes s'établissent, pour un séjour généralement très court, en plein air, sous la petite tente ou sous des abris improvisés; enfin, par *camps*, les lieux où les troupes sont établies pour un séjour de quelque durée, sous de grandes tentes ou dans des baraques.

Les troupes, dans ces différentes situations, doivent être couvertes par leurs avant-postes toutes les fois qu'elles ne sont pas en seconde ligne ou à grande distance de l'ennemi.

Le troupes en première ligne à proximité de l'ennemi (deux jours de marche au plus) doivent toujours bivouaquer; le cantonnement leur est interdit.

Si les avant-postes ne comportent pas de réserve, on commande, pour en tenir lieu, une fraction constituée, d'une force proportionnée à l'effectif du corps principal. Cette troupe doit se tenir constamment prête à prendre les armes.

Dans un cantonnement, bivouac ou camp, le commandement appartient à l'officier le plus élevé en grade ; à égalité de grade, au plus ancien.

On appelle *campement* la réunion des individus chargés de préparer un cantonnement, bivouac ou camp.

Le campement d'un régiment se compose d'un adjudant-major, d'un adjudant, et, par compagnie, d'un fourrier et de quatre hommes. Dans une division, un officier d'état-major a le commandement du campement des différents régiments. S'il s'agit d'une fraction moins considérable, un officier est désigné pour cette mission.

En pays hostile ou occupé par l'ennemi, l'avant-garde est chargée d'assurer la sécurité du campement.

CHAPITRE II.

Cantonnements.

—

Diverses sortes de cantonnements.

76. On distingue deux sortes de cantonnements :

1° Le *cantonnement ordinaire*, que l'on prend lorsque la distance où se trouve l'ennemi permet qu'on ait toujours le temps de se concentrer et de se porter en avant pour aller prendre une position de combat sans rencontrer aucune difficulté ;

2° Le *cantonnement resserré*, que l'on occupe généralement pour un temps très court, dans le voisinage de l'ennemi ou lorsque les circonstances obligent à prendre des positions de concentration.

Dans le cantonnement ordinaire, on peut admettre que chaque feu (en moyenne de trois à cinq habitants) peut loger de deux à six hommes.

Dans le cantonnement resserré, des localités peu importantes peuvent loger des corps de troupes, des brigades et même des divisions, puisqu'il ne s'agit pour les soldats que de trouver l'espace nécessaire pour se coucher à l'abri.

Installation au cantonnement.

77. Pour préparer l'installation au cantonnement, chaque corps de troupe envoie en avant son campement.

Le chef du campement, après une exploration sommaire, se met en rapport avec l'autorité municipale; il divise rapidement la localité à occuper en lots distincts, de contenance et d'étendue proportionnelles à l'effectif des fractions constituées qui doivent y loger.

Le partage des maisons se fait ensuite par les soins des fourriers.

Ceux-ci inscrivent lisiblement sur les portes le nombre d'hommes et de chevaux à loger, ainsi que l'indication de la fraction à laquelle ils appartiennent. Les officiers sont désignés nominativement. Autant que possible les officiers ne sont pas mêlés à la troupe dans les auberges; l'une d'entre elles leur est exclusivement affectée pour qu'ils puissent y prendre leurs repas, et s'y réunir au besoin.

On place également aux carrefours et aux coins des rues principales l'indication :

1° Du logement dès généraux, chefs de corps ou commandants de cantonnement;

2° Du poste de police;

3° Des fractions de troupe occupant la rue ou le quartier;

4° Des lieux de rassemblement et de distribution.

On utilise surtout pour loger les troupes les auberges, granges, fabriques, fermes, châteaux, etc. On cherche toujours à les établir par fractions constituées, pour faciliter la surveillance du service et la rapidité des réunions.

Si le cantonnement est déjà occupé par une autre troupe, le chef du campement reçoit les différentes consignes du commandant de la troupe que l'on vient relever.

Les troupes restent assemblées en dehors du cantonnement, et, sous aucun prétexte, personne ne doit y pénétrer jusqu'à ce que toutes les mesures préparatoires aient été prises; le campement, à l'exception des hommes de corvée, revient alors, à moins que l'éloignement ne le permette pas; et dès que le commandant des troupes a donné le signal de l'installation, les compagnies, conduites par leurs fourriers, s'établissent dans leurs cantonnements. Cette installation a lieu sous la protection de l'avant-garde, si les avant-postes ne sont pas encore établis.

Les états-majors sont placés au centre des cantonnements de leur troupe, et autant que possible sur les voies de grande communication, ou sur d'autres points faciles à trouver, pour éviter toute difficulté dans l'envoi, la réception et la transmission des ordres. Le logement des généraux est indiqué par leur fanion de commandement ou par un signe apparent pendant le jour; il est éclairé pendant la nuit.

Les ambulances sont établies dans les hôpitaux, ou, à leur défaut, dans les couvents, maisons d'école, etc.; leur emplacement est indiqué le jour par le drapeau distinctif des ambulances, et la nuit, par un feu de couleur déterminée. Il est pourvu, par voie de réquisition, à tous les besoins que nécessite le traitement des blessés et des malades.

Ordre donné avant l'établissement
au cantonnement.

78. L'ordre est donné avant l'établissement au cantonnement, dans chaque brigade, par le général aux colonels personnellement; dans les régiments, par le colonel aux officiers supérieurs, aux capitaines, aux adjudants-majors et aux adjudants réunis en cercle, les sergents-majors étant derrière leurs capitaines.

L'ordre a pour objet de faire connaître le service à fournir, la nature, l'heure, le lieu des

distributions et les corvées qu'on doit y envoyer,
les dispositions relatives au départ, et toutes celles
qui concernent le bon ordre et le service intérieur
ou extérieur du cantonnement.

On indique en même temps une place d'armes
pour la réunion générale des troupes en cas
d'alerte. La place d'armes est choisie de manière à pouvoir résister au besoin dans de bonnes
conditions. Elle doit présenter des issues commo-
des dans toutes les directions, afin que la troupe
puisse s'y réunir facilement et promptement.
Toutes les réunions générales se font sur la place
d'armes.

Dans chaque compagnie il est désigné, en outre,
un point de rassemblement que les hommes doivent connaître, de manière à pouvoir s'y rendre
isolément au premier signal, même la nuit. C'est
sur ce point qu'ont lieu les réunions particulières
des compagnies.

L'adjudant-major et l'adjudant de jour commandent le service, qui est toujours fait par fractions
constituées. Chaque capitaine donne l'ordre aux
officiers et aux sous-officiers de sa compagnie en y
ajoutant les explications nécessaires. Les sergents-
majors désignent les fractions constituées et les
hommes de service.

L'officier supérieur de jour fait réunir les
gardes, qui partent sans délai pour leurs différents
postes.   .

Garde de police.

79. Afin d'assurer l'ordre, la police et la
discipline, on établit une garde de police qui,

pour un régiment, est habituellement une section commandée par un officier, et, pour un bataillon, une demi-section commandée par un sous-officier.

La garde de police s'installe à la maison commune ou au centre du cantonnement de la troupe. Les factionnaires qu'elle fournit son placés devant les armes et chez le colonel, quand son logement n'est pas trop éloigné.

On peut également poster un homme dans le clocher ou sur un édifice élevé, pour annoncer l'approche de l'ennemi ou observer les signaux des avant-postes et des corps voisins.

Les bagages, à leur arrivée, sont conduits à la garde de police, qui les fait parquer de manière à ne pas gêner la circulation et devient responsable de leur surveillance.

Les prisonniers sont enfermés dans un local reconnu d'avance et très à proximité de la garde de police qui doit les surveiller. Celle-ci est, en outre, chargée de leur escorte lorsqu'il n'a pas été possible de les livrer à la prévôté. Les prisonniers, pendant la marche, sont attachés au besoin, gardés particulièrement, et, à l'arrivée, remis à la nouvelle garde de police.

Lorsque l'usage des sonneries a été autorisé, elles sont faites à la garde de police. Celle-ci prend les armes au réveil, à la retraite, toutes les fois qu'il y a réunion générale de la troupe et quand elle doit rendre les honneurs. Dans ce dernier cas, il n'est fait de sonnerie que si le commandant du cantonnement en a donné l'ordre particulier.

Lorsque le logement du colonel est trop éloigné de la garde de police, la compagnie la plus rapprochée est chargée de la garde du drapeau, et détache à ce logement une escouade qui fournit un factionnaire.

Le commandant du cantonnement prescrit les rondes qui lui semblent utiles pour maintenir l'ordre.

Service dans les cantonnements.

80. Les règles ordinaires sur le service intérieur sont observées pour tout ce qui n'est pas contraire aux dispositions prescrites par la présente instruction.

Le service de semaine est remplacé, en campagne, par le service de jour.

Aussitôt après l'installation au cantonnement, chaque corps envoie, suivant l'importance de son effectif, un officier ou un sous-officier qui se met à la disposition du commandant du cantonnement, et va, dans tous les cas, prendre ses ordres aussitôt qu'on donne le signal d'alerte.

Il appartient au commandant du cantonnement d'ordonner les mesures nécessaires pour que les communications soient rendues faciles, les passages, les ponts rétablis, et leurs abords déblayés; des poteaux ou des signes indicateurs marquent les emplacements des ambulances, etc. On en établit de même à la sortie des localités, pour signaler les noms et les directions des cantonnements voisins.

A proximité de l'ennemi, lorsqu'on n'est couvert que par un rideau de cavalerie, on embarrasse par des obstacles l'entrée du cantonnement du côté menacé. Des voitures chârgées, mises en travers des rues, des arbres abattus à droite et à gauche, constituent une défense provisoire facile à exécuter.

On peut mettre même en état de défense les premières maisons et y établir des postes spécialement chargés de s'y maintenir en cas d'attaque. Le commandant du cantonnement détermine si toutes les issues, ou seulement les communications du côté de l'ennemi, doivent être gardées.

Quant à la surveillance des abords du cantonnement, elle est exercée par des postes d'observation placés sur les voies de communication et sur les points qui permettent d'apercevoir au loin.

Les hommes dans les cantonnements se trouvant plus livrés à eux-mêmes, les officiers et les sous-officiers doivent redoubler de surveillance pour assurer les soins de propreté, l'entretien des effets et des armes, et la conservation des munitions et des vivres de réserve.

Tout chef de fraction constituée est en outre responsable de l'ordre, de la discipline et de la bonne conduite de la fraction qu'il commande. Personne ne doit sortir du cantonnement sans autorisation écrite. Une demi-heure après la retraite, les hommes doivent être rentrés dans le logement qui leur est affecté.

Les officiers et sous-officiers de section passent

dans le logement des soldats sous leurs ordres et les visitent.

Afin de faciliter la réunion des troupes et de les protéger contre le mauvais vouloir des gens du pays, les soldats occupent de préférence le rez-de-chaussée des maisons.

Dans son logement, le soldat a droit au coucher, à une place au fourneau, au feu en hiver, et à la lumière. En pays ennemi, la nourriture est fournie autant que possible par l'habitant. Le commandant du cantonnement en détermine la nature et la quantité, et donne au chef de la municipalité avis de ce qu'il a prescrit à ce sujet.

On s'efforce d'entretenir la bonne intelligence entre les soldats et leurs hôtes. Toute exigence illégitime est réprimée sévèrement par le chef du cantonnement, qui doit, d'un autre côté, veiller au maintien des droits de ses soldats.

Quand on doit rester un certain temps dans une localité, on réquisitionne des ouvriers civils pour faire les réparations ou même les confections qui seraient nécessaires.

En pays ennemi, on exige que les habitants restent chez eux à partir de la retraite, et ne sortent sous aucun prétexte.

Lorsque l'hostilité des habitants est constatée, il est interdit de sonner les cloches des églises, sous quelque prétexte que ce soit.

Distributions.

81. Les fonctions de capitaine de jour se ré-

9.

duisent en campagne aux distributions ; il prend en conséquence le titre de capitaine de distributions.

Il a pour mission de reconnaître la qualité des denrées, de veiller à ce que les distributions soient faites exactement aux heures prescrites, de surveiller la manière dont elles sont faites et d'assurer le bon ordre dans les corvées que les compagnies y envoient sous la conduite des officiers de jour ; il rend compte a l'officier supérieur de jour.

Lorsque le service des subsistances se fait régulièrement, on se conforme à tout ce qui est prescrit pour les distributions en temps de paix.

Les corvées se font dans la tenue prescrite par le commandant du cantonnement, et l'on emploie autant que possible, pour le transport des denrées, des voitures régimentaires ou des voitures de réquisition.

Lorsque les circonstances le rendent nécessaire, il est commandé des détachements d'escorte pour protéger les corvées. .

Quand le service des subsistances n'est pas assuré par l'intendance, on y supplée par des réquisitions. .

Alerte.

82. Chaque soldat au cantonnement doit toujours être prêt, en cas d'alerte, à prendre ses armes et à retrouver de suite ses effets d'équipement. Au signal général d'alerte, les hommes prennent vivement les armes ; les différentes fractions se réunissent promptement au lieu de leur rassemblement.

Il est ordonné aux habitants, sous peine d'exécution militaire, de rester dans les maisons lorsque l'alerte est donnée, de fermer les portes et les fenêtres en laissant les volets ouverts, et d'éclairer les fenêtres pendant la nuit.

Si l'ennemi pénètre dans le cantonnement ou s'il occupe la place d'armes avant que les troupes aient eu le temps de se former, on barricade les rues, on intercepte l'entrée des cours, on s'enferme dans les maisons, et chaque chef de fraction constituée, rassemblant sa troupe, cherche à arrêter l'attaque et en même temps à se réunir aux autres fractions, de manière qu'on puisse reprendre l'offensive.

CHAPITRE III.

Bivouacs.

—

Choix d'un bivouac.

88. Toutes les fois que la proximité de l'ennemi ou des circonstances particulières n'obligent pas à prendre une position déterminée, les bivouacs sont établis de préférence sur des terrains secs, ne risquant pas d'être inondés en cas de pluie subite, abrités et à portée des ressources en vivres et en fourrages.

On doit, autant que possible, rechercher une position qui, tout en présentant un accès difficile à l'ennemi, permette à la troupe bivouaquée la libre exécution de ses mouvements.

Le commandant du campement choisit l'emplacement du bivouac d'après les indications qui précèdent et les instructions qu'il a reçues du commandant de la colonne. Il reconnaît les abreuvoirs et les endroits où les hommes peuvent prendre de l'eau, les indique par un jalon facile à distinguer, et signale ceux de ces endroits qui seraient dangereux. Si, pour les rendre praticables, quelques travaux sont nécessaires, il les fait exécuter par les hommes du campement ou par des habitants.

Lorsque la rareté de l'eau l'exige, il fait placer des factionnaires aux puits et aux fontaines.

Quand il a déterminé l'emplacement du bivouac, il vient au-devant de la troupe pour l'y conduire ; si le temps ou l'éloignement ne le lui permettent pas, il remet par écrit, à un soldat qu'il expédie au commandant de la colonne, la désignation exacte de l'endroit choisi et des routes qui y conduisent, ainsi que l'indication des mesures déjà prises dans le but de pourvoir aux besoins de la troupe.

Lorsque le campement n'a pas précédé la colonne, un adjudant-major est chargé, dans chaque régiment, de prendre les dispositions ci-dessus mentionnées dès qu'on arrive au bivouac.

Établissement au bivouac.

81. Les troupes d'infanterie se forment sur

l'emplacement choisi pour le bivouac. Elles sont protégées par leurs avant-gardes jusqu'à ce que les avant-postes soient placés. L'ordre est donné comme il a été indiqué pour les cantonnements.

La disposition d'une troupe au bivouac étant subordonnée à l'espace de terrain qui peut lui être affecté et aux exigences tactiques du moment, il est nécessaire qu'une troupe puisse bivouaquer soit en colonne, soit en ligne.

Bivouac d'un bataillon en colonne.

85. Le bataillon étant en colonne double (1), par colonnes de compagnie à quatre sections, le chef de bataillon fait prendre, entre les compagnies de tête et celles de queue, une distance de 20 mètres, et entre les sections de chaque compagnie, double distance de masse (9 mètres).

On fait ensuite former les faisceaux, et les compagnies déboîtent, celles de droite faisant à droite, celles de gauche faisant à gauche ; chacune d'elles se porte à 6 mètres en dehors des faisceaux, et fait front.

Les tentes sont dressées sur une longueur égale au double du front d'une section, dans le prolongement des faisceaux et dans le sens de la profondeur. Elles sont établies pour six hommes et séparées par 1 mètre d'intervalle.

____

(1) Il faut entendre par colonne double une colonne de demi-bataillons accolés, quel que soit, du reste, l'ordre des compagnies l'une par rapport à l'autre.

Dans les compagnies de droite, les sous-officiers de section campent par deux à la droite

BIVOUAC D'UN BATAILLON EN COLONNE.

de leur section, ou par quatre à la droite de la première section de leur peloton; dans les compagnies de gauche, ils occupent une position analogue sur la gauche.

Les sergents-majors et fourriers se placent derrière les sous-officiers de leur compagnie, sur le prolongement de la ligne de leurs officiers.

Ceux-ci, à 10 mètres derrière les tentes de la dernière section de leur compagnie.

Les tambours, clairons et sapeurs ouvriers d'art (pour le bataillon du drapeau) campent à 9 mètres en avant de la section de tête du demi-bataillon de droite; leurs armes et instruments sont à 9 mètres en avant des faisceaux de cette section.

La garde de police campe à 9 mètres en avant de la section de tête du demi-bataillon de gauche; ses faisceaux sont à 9 mètres en avant des faisceaux de cette section.

Le drapeau, s'il est au bataillon, est placé entre les faisceaux des clairons et les faisceaux de la garde de police, par conséquent à 9 mètres en avant de l'intervalle qui sépare les faisceaux des 2me et 3me compagnies.

Les feux pour les cuisines sont établis à 15 mètres sur le côté, à droite et à gauche des compagnies.

Le chef de bataillon, l'adjudant-major et le médecin campent derrière le demi-bataillon de droite, à 10 mètres en arrière des officiers de la 1re compagnie; l'adjudant à 10 mètres en arrière de ceux de la 4me compagnie.

Les chevaux et les voitures, l'ambulance et la forge à 10 mètres en arrière de l'adjudant.

La cantine à gauche, sur le prolongement de la

ligne des officiers des 2me et 3me compagnies, et sur l'alignement des cuisines.

L'emplacement des latrines est déterminé par le chef de bataillon, d'après la configuration du terrain; elles doivent être au moins à 60 mètres du bivouac.

Pour un régiment, les bataillons sont placés l'un à côté de l'autre; on laisse 20 mètres d'intervalle entre les cuisines de deux bataillons voisins; ou bien les bataillons sont placés l'un derrière l'autre à 20 mètres de distance, de manière que le milieu soit exclusivement réservé aux faisceaux.

Dans le premier cas, le drapeau ainsi que la garde de police sont placés, comme il a été dit ci-dessus, au bataillon du centre; dans le second cas, ils sont toujours au bataillon de tête.

Le colonel, le lieutenant-colonel et le médecin-major de 1re classe s'établissent derrière les deux compagnies de droite du bataillon du drapeau, à 10 mètres des officiers de l'état-major de ce bataillon; le porte-drapeau et l'officier payeur à 10 mètres en arrière du colonel.

Les musiciens campent en arrière des deux compagnies de gauche du même bataillon; le tambour-major à leur gauche, avec le sous-chef de musique; le chef de musique, en avant des musiciens, sur la ligne de l'état-major du bataillon.

Le vaguemestre, avec les équipages du régiment; ceux-ci, au lieu d'être laissés à chaque bataillon, peuvent être alors réunis pour la commodité du service; ils sont placés, soit en arrière du dernier bataillon, soit en arrière du bataillon du drapeau, suivant que les bataillons campent l'un derrière l'autre ou sur la même ligne.

Une compagnie isolée campe en colonne de pelotons ou en colonne de compagnie, suivant le terrain, en se conformant à ce qui est dit pour les compagnies du bataillon en colonne double.

Bivouac d'un bataillon en ligne.

86. Le chef de bataillon fait prendre un intervalle de double front de section entre les 2º et 3º compagnies, et fait porter dans cet intervalle la garde de police à la droite de la 3º compagnie, et les tambours, clairons et sapeurs ouvriers d'art (le cas échéant) à la gauche de la 2º.

On fait ensuite former les faisceaux, et les compagnies, reculant de 6 mètres, dressent leurs tentes sur deux lignes, dans le sens de la profondeur; celles des sous-officiers sur la première ligne à la droite de leur section ou de leur peloton, suivant qu'ils campent par deux ou par quatre; celle du sergent-major et du fourrier à la gauche de la compagnie.

Les feux pour les cuisines sont établis à 15 mètres en arrière de la dernière ligne des tentes des compagnies.

La cantine, sur la ligne des cuisines, à l'extrême gauche. Les officiers de compagnie, sur une même ligne, derrière leur compagnie, à 20 mètres en arrière des cuisines.

BIVOUAC D'UN BATAILLON EN LIGNE.

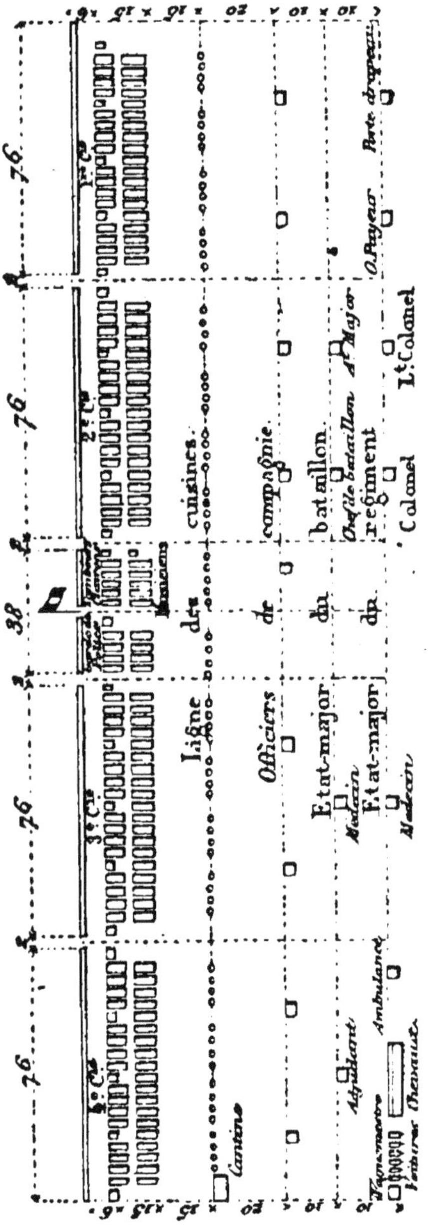

Le chef de bataillon et l'adjuàant-major, à 10 mètres en arrière de la ligne des officiers derrière la 2ᵐᵉ compagnie; le médecin, derrière la 3ᵐᵉ; l'adjudant sur la même ligne, derrière la 4ᵐᵉ compagnie; l'ambulance, la forge, les chevaux et les voitures, derrière l'adjudant.

Le drapeau au centre de la ligne des faisceaux, sur le front de bandière. Les armes et instruments des tambours, clairons et sapeurs ouvriers d'art, à la droite du drapeau; les faisceaux de la garde de police à sa gauche.

Les latrines sont placées aux endroits fixés par le chef de bataillon, au moins à 60 mètres du bivouac.

Pour un régiment, les bataillons sont disposés de même, l'un à côté de l'autre, à 20 mètres d'intervalle.

Le colonel, le lieutenant-colonel et le médecin-major de 1ʳᵉ classe campent au centre, à 10 mètres en arrière du 2ᵐᵉ bataillon, qu'il y ait deux, trois ou quatre bataillons. La garde de police est placée au bataillon derrière lequel se trouve le colonel. Le drapeau est mis à la droite de cette garde.

L'officier payeur et le porte-drapeau campent à proximité du colonel, sur la même ligne.

Le vaguemestre avec les équipages.

Les musiciens en arrière des tambours et clairons du bataillon du drapeau; le chef de musique en arrière des musiciens, sur l'alignement des officiers; le tambour-major avec le sous-chef de musique.

Toutes les distances indiquées dans le sens de la profondeur sont normales ; mais dans le sens de la largeur elles peuvent varier suivant le terrain et suivant l'effectif de la troupe.

Si, par suite du voisinage très rapproché de l'ennemi ou pour tout autre motif, on ne peut dresser les petites tentes, on bivouaque en plein air ou sous des abris improvisés, dans l'ordre prescrit au n° 85 ou au n° 86, suivant le cas. Les feux de bivouacs comme les abris sont alors placés sur le terrain qui aurait dû être occupé par les tentes de la troupe, et dissimulés autant que possible à la vue de l'ennemi.

Il est souvent avantageux d'établir les bivouacs dans les bois ; dans ce cas, les compagnies profitent des emplacements favorables un peu en arrière de la lisière.

A la levée d'un bivouac, il est formellement interdit de brûler la paille de couchage ou les abris qui ont pu être établis ; tous les feux doivent être éteints.

Défense de s'établir dans les maisons.

87. Aucun officier ne peut s'établir dans les maisons qui sont à proximité du bivouac, lors même que ces maisons sont vides, à moins toutefois d'une autorisation expresse du général de brigade, qui dans ce cas rend compte au général de division.

Lorsque c'est possible, on choisit, à portée du bivouac, une maison où l'armurier puisse travailler.

Garde de police.

88. La garde de police, composée et placée comme il a été indiqué ci-dessus, détache un poste avancé chargé de la surveillance en avant du front et de la garde des prisonniers.

Bivouac en colonne. Pour un bataillon isolé, la garde de police fournit quatre factionnaires, savoir :

Un devant les armes ;

Un en arrière des bagages, dont il a la surveillance ;

Un sur chaque flanc.

Elle fournit, en outre, un planton chez le chef de bataillon.

Le poste avancé se compose d'un caporal et de six hommes. Il est placé à 100 mètres environ en avant du front du bataillon.

Il fournit un factionnaire devant les armes ; on peut en mettre deux pendant la nuit.

Pour un régiment dont les bataillons sont l'un à côté de l'autre, le nombre des factionnaires est porté à neuf, savoir :

Trois devant le front, dont un devant les armes, chargé en même temps de la garde du drapeau ;

Un sur chaque flanc extérieur du régiment ;

Trois en arrière, dont un chargé de la garde des bagages ;

Un chez le colonel.

Si les bataillons sont l'un derrière l'autre, les neuf factionnaires sont répartis de la manière suivante :

Un devant les armes, chargé de la garde du drapeau ;

Trois sur chacun des flancs ;

Un derrière les bagages dont il a la surveillance ;

Un chez le colonel.

Le poste avancé pour un régiment est commandé par un sous-officier et se compose d'une escouade. Il est placé comme il est dit plus haut.

Bivouac en ligne. Pour un bataillon isolé, la garde de police fournit quatre factionnaires :

Un devant les armes ;

Un en avant de l'aile droite et un en avant de l'aile gauche du bataillon ; ils sont chargés en même temps de la surveillance de chacun des flancs ;

Un en arrière, ayant la surveillance des bagages.

Elle fournit en outre un planton chez le commandant.

Pour un régiment, le nombre des factionnaires est porté à neuf, savoir :

Un devant les armes, chargé de la garde du drapeau ;

Un en avant de chacun des bataillons de droite et de gauche ;

Un sur chaque flanc du régiment ;

Trois en arrière, dont un chargé de la surveillance des bagages ;

Un chez le colonel.

Les hommes de garde peuvent, comme les

autres, construire des abris ou dresser leurs tentes.

Par les temps rigoureux, et la nuit surtout, le commandant peut donner l'ordre d'entretenir un feu de bivouac à la garde de police.

En principe, le passage de la ligne des factionnaires n'est permis aux hommes de troupe que pour le service. Toutes les personnes étrangères à l'armée, se présentant pour entrer au bivouac, doivent être envoyées au poste avancé ou à la garde de police pour y être examinées.

Des instructions du commandant de la troupe règlent l'admission, dans le bivouac, des militaires appartenant à d'autres corps.

Les factionnaires doivent avertir, le jour comme la nuit, de tout mouvement extraordinaire dans le bivouac ou hors du bivouac. Le factionnaire ou le planton du commandant de la troupe prévient directement ce dernier. Celui du poste avancé surveille particulièrement les prisonniers.

On ne fait de sonneries que lorsque l'ennemi est assez éloigné pour que le son des instruments ne puisse lui parvenir ; elles sont, du reste, aussi rares que possible.

Le commandant de la garde de police fait lui-même et prescrit des rondes pour s'assurer de la vigilance des factionnaires ainsi que pour maintenir le bon ordre dans le bivouac. Il fait en outre exécuter toutes les consignes particulières qu'il pourrait avoir reçues de l'officier supérieur de jour, et se conforme à ce qui a été indiqué au chapitre des cantonnements pour les honneurs à rendre, pour la garde ou l'escorte des prisonniers.

Lorsqu'on doit lever le bivouac, la garde de police rallie les factionnaires, à la sonnerie de l'assemblée, et ne reprend sa place dans la colonne que lorsque la troupe se met en marche.

Service au bivouac.

89. Les prescriptions générales pour le service et pour les distributions au cantonnement sont applicables au bivouac.

Le commandant d'un bivouac fixe les heures du service général.

Il est fait habituellement trois appels par jour : le premier, une demi-heure après le réveil ; le second, à midi ; le troisième, une demi-heure après la retraite. Les hommes se rendent à l'appel de midi en armes et sac au dos ; si la troupe est sous les petites tentes, elles ne sont pas démontées. Les officiers de semaine sont seuls tenus d'assister aux appels du matin et du soir ; mais à l'appel de midi tous les officiers doivent être présents.

Le chef de bataillon de jour, secondé par l'adjudant-major, est chargé de la surveillance du service. Il s'assure souvent par lui-même de la vigilance de la garde de police, surtout pendant la nuit, et prescrit les rondes que doivent faire les officiers, sous-officiers et caporaux.

Chaque commandant de fraction constituée est, du reste, responsable de l'ordre, de la discipline et de la conduite de la troupe qu'il commande.

En certaines circonstances, on place pendant la nuit un factionnaire aux faisceaux de chaque compagnie; ce service est surveillé dans l'intérieur de la compagnie; les rondes et patrouilles de la garde de police s'assurent en outre de la vigilance de ses factionnaires.

Alerte.

90. En cas d'alerte, chaque homme s'équipe à la hâte, prend les armes et se porte aux faisceaux; ceux-ci ne sont rompus que quand l'ordre en est donné.

Les officiers prennent les mesures nécessaires pour maintenir l'ordre, la confiance et le sang-froid dans les troupes qu'ils commandent. Ils exigent qu'on se forme en silence.

La garde de police attend des ordres sans quitter sa place.

Pour éviter toute fausse alarme, il est rigoureusement défendu de tirer des coups de feu au bivouac et dans les environs, et de pousser d'autres cris que ceux prescrits pour la reconnaissance des rondes et des patrouilles.

Levée du bivouac.

91. L'heure de la levée du bivouac doit, autant que possible, être donnée à l'avance. Le comanmdant des troupes les réunit sur l'emplacement même où elles ont bivouaqué ou sur celui qu'il juge le plus convenable à proximité. Les voitures sont attelées et restent à leur place jusqu'à ce qu'on leur donne l'ordre de partir.

CHAPITRE IV.

Camps.

—

92. Les camps sont généralement employés pour l'installation des troupes réunies au moment des grandes manœuvres; ils deviennent ainsi un des moyens d'instruction du temps de paix.

Pendant la guerre, on n'en fait usage que dans des cas particuliers, le siége ou l'investissement d'une place forte, par exemple, lorsque les troupes ne peuvent être cantonnées.

Le choix et la forme d'un camps sont déterminés par l'objet qu'il doit avoir. Si c'est un camp d'instruction, on ne consulte, pour l'établir, que la commodité des troupes et la facilité des communications, la proximité de l'eau, et les ressources en vivres et en fourrages. Si ce doit être un camp destiné à couvrir une position et à inquiéter l'ennemi, on lui donne une assiette et des dimensions en rapport avec le but qu'on se propose d'obtenir.

CINQUIÈME PARTIE.

*Instruction relative aux convois
et aux petites opérations de la guerre.*

L'enseignement pour cette partie de l'instruction se fait généralement par section ou par compagnie.

En ce qui concerne l'attaque des convois, les surprises et les embuscades, le capitaine se borne à indiquer, soit dans les exercices de marche, soit dans ceux du service de reconnaissance, les points favorables pour des opérations de cette nature. Plus tard il les fait exécuter réellement, en fractionnant sa compagnie en deux partis; l'un de ces partis est chargé de la défense, l'autre de l'attaque. Le capitaine donne l'idée générale de l'exercice et remplit les fonctions d'arbitre.

Les mêmes exercices sont ensuite répétés par deux compagnies opposées l'une à l'autre ou par le bataillon divisé en deux partis; le chef de bataillon dirige l'opération.

On doit toujours, du reste, dans ces simulacres des petites opérations de la guerre, se conformer aux prescriptions données dans la présente instruction pour le service de sûreté en station ou en marche.

Pour les exercices pratiques concernant les chemins de fer, il est indispensable de s'entendre avec le service de l'exploitation, qui indique les heures où cette instruction pourra être donnée. La troupe est conduite à la gare à l'heure dite. Le chef qui la commande désigne, en les nommant, les objets ou les points sur lesquels devrait porter la destruction en temps de guerre, et indique de quelle manière cette destruction doit s'opérer. Quelquefois même il lui sera possible, avec le consentement du service du chemin de fer, de faire procéder à l'enlèvement des rails et des traverses, sur des tronçons de voie abandonnés dans le voisinage de la gare.

L'indication des moyens de détruire les lignes télégraphiques, les ouvrages d'art, ponts, etc., doit être donnée dans les exercices de marche ou de reconnaissance, à mesure que l'on rencontre les différents points où des opérations de ce genre pourraient s'exécuter.

DÉVELOPPEMENT DES RÈGLES

SERVANT DE BASE A L'INSTRUCTION PRATIQUE.

CHAPITRE PREMIER.

Convois.

Objet des convois.

93. Les convois sont de différentes sortes; ils ont pour objet le transport des munitions de guerre, des armes, de l'argent, des subsistances, des effets d'habillement et d'équipement, des blessés, des malades et des prisonniers.

Escorte d'un convoi.

94. La force et la composition de l'escorte d'un convoi doivent être calculées d'après la nature du convoi, son importance, les dangers qu'il peut avoir à courir, les localités à traverser et la longueur du trajet.

Si c'est un convoi de poudre, l'escorte doit être plus nombreuse, afin de pouvoir en éloigner le combat.

En principe, la cavalerie concourt à l'escorte des convois pour en éclairer la marche; cependant, il peut arriver qu'on soit obligé par les circonstances de constituer avec de l'infanterie seulement la totalité d'une escorte.

Autorité du commandant.

95. L'officier commandant l'escorte d'un convoi a pleine autorité sur toutes les personnes qui marchent avec lui, et dispose, dans l'intérêt du service, de tous les militaires présents dans le convoi; mais toutes les fois qu'il s'y trouve un officier de grade plus élevé ou, à grade égal, plus ancien que le commandant de l'escorte, le droit au commandement est réglé avant le départ par le chef qui ordonne la mise en route.

Le commandant s'entend avec les chefs de service qui font partie du convoi pour fixer les

10..

heures de départ, les haltes, la manière de parquer les voitures, le nombre de factionnaires à placer, et enfin les meilleures dispositions à prendre à l'égard des blessés et des malades, s'il s'agit d'un convoi d'ambulance.

Le commandant du convoi reçoit une instruction écrite et très détaillée. La veille du départ, il fait réunir les voitures et parquer comme s'il était en route.

Il vérifie le chargement et l'état des voitures, et s'assure qu'elles sont munies des pièces de rechange nécessaires. Autant que possible, il se fait délivrer des outils et requiert, s'il y a lieu, des habitants pour aplanir toutes les difficultés locales qu'il pourra rencontrer. Il prend les mesures nécessaires pour que la subsistance de l'escorte, des conducteurs et des attelages soit assurée pendant la durée du trajet.

Avant de se mettre en route, il se renseigne sur le terrain à parcourir, étudie attentivement la carte, s'informe de la nature du pays, des défilés qui s'y trouvent, des ponts, des passages difficiles, de l'état et de la largeur des chemins, des villages à traverser et des lieux où il pourrait lui être tendu des embuscades.

Si l'itinéraire n'a pas été fixé, il choisit la route la plus praticable; en général, les chemins les plus frayés seront suivis de préférence, bien que parfois ils soient les plus longs.

Ordre de marche dans le convoi.

96. Afin de donner le moins de profondeur

possible au convoi, on fait marcher les voitures par deux, quand la route le permet, et à 2 mètres de distance; elles restent constamment dans le même ordre, et, à cet effet, portent chacune un numéro.

Quand un convoi est considérable, il est essentiel de le partager en plusieurs sections, et d'attacher à chacune de ces sections un petit détachement d'infanterie; en outre, des soldats d'infanterie sont répartis sur les côtés de la route pour maintenir l'ordre, surveiller les convoyeurs et aider ceux-ci dans les passages difficiles.

L'ordre de marche des voitures dans les convois est le suivant : munitions de guerre, ambulances, trésor, subsistances, effets militaires, bagages. Les voitures autorisées à suivre le convoi marchent les dernières.

Toutefois, ces dispositions sont subordonnées aux projets présumés de l'ennemi; en principe, les voitures dont la conservation importe le plus à l'armée doivent toujours marcher dans l'ordre le plus propre à les préserver du danger.

Dispositions pour la marche et pour la défense.

97. L'escorte du convoi forme toujours une avant-garde, une arrière-garde et détache des flanqueurs; le commandant concentre le gros de l'escorte, sous ses ordres immédiats, au point qu'il juge le plus important.

Dans les terrains entièrement découverts, le gros de l'escorte, formant le corps principal, se tient au centre du convoi. Dans les autres circonstances, il marche soit à la tête, soit à la queue, selon que l'une ou l'autre est plus exposée aux attaques de l'ennemi. Il peut même être divisé en deux ou trois fractions.

L'avant-garde, l'arrière-garde et les flanqueurs se conforment aux prescriptions générales indiquées pour assurer la sûreté d'une colonne en marche.

Si l'on craint pour la tête de la colonne, l'avant-garde s'empare de tous les défilés et de toutes les positions où l'ennemi pourrait opposer des obstacles ou des troupes. Une partie du corps principal, qui suit alors de plus près l'avant-garde, la remplace dans ces positions, et n'en repart que lorsque la tête du convoi l'a rejoint. La position n'est abandonnée qu'après avoir été dépassée par la totalité du convoi, ou plus tard encore si le commandant le juge convenable.

Lorsque les flancs sont menacés, on diminue la force de l'avant-garde et de l'arrière-garde ; les positions qui peuvent couvrir la marche sont occupées par des détachements tirés du corps principal, avant que la tête du convoi soit parvenue à leur hauteur, et jusqu'à ce que le convoi tout entier les ait dépassées.

Dans les passages difficiles, on fait doubler les attelages. Si une voiture se brise, on la fait sortir de la colonne pour la réparer. Si la réparation est impossible, le chargement et les attelages sont répartis entre les autres voitures, qu'on évite de charger outre mesure. Dans ce cas, le commandant du convoi peut suppléer par réquisition aux moyens de transport qui lui manquent.

Haltes. — Parcs.

98. D'heure en heure on s'arrête quelques instants, autant que possible en plaine, pour laisser reprendre haleine aux attelages et donner aux dernières voitures le temps de serrer à leur distance.

Il n'est fait que très rarement de grandes haltes, et seulement dans des lieux reconnus à l'avance et favorables à la défense du convoi. Les villages environnants sont fouillés ainsi que les terrains qui pourraient servir à cacher l'ennemi ; on se garde militairement, et les chevaux ne sont pas dételés.

La nuit on parque de manière à se défendre contre une attaque ou à se garder d'une surprise, et l'on s'établit de préférence loin des lieux habités, si le pays qu'on traverse est ennemi ou mal disposé.

Pour parquer, les voitures sont habituellement placées sur plusieurs rangs, essieu contre essieu, les timons dans une même direction ; on laisse des rues assez larges entre les rangs pour que les chevaux puissent y circuler librement.

Si l'on creint une ettaque ; le parc est formé en carré, les roues de derrière tournées vers l'extérieur, les chevaux dans l'intérieur du carré.

Au départ, chaque section ne bride qu'au moment où elle doit suivre le mouvement de la section qui la précède.

Défense d'un convoi.

292. Le commandant d'un convoi ne doit jamais perdre de vue que le seul but de sa mission est d'amener à bon port le convoi qui a été confié à sa garde. Il est de son devoir de n'engager le combat que dans le cas où il pourrait, en agissant ainsi, échapper à l'ennemi ou le retarder et gagner un terrain plus favorable à la défense.

Dès que le commandant du convoi est averti de la présence de l'ennemi, il fait serrer le plus possible les files des voitures, et continue la marche rapidement et en ordre. Il ne doit arrêter et parquer qu'après s'être assuré que les forces de l'ennemi sont de beaucoup supérieures aux siennes.

Dans ce cas, les voitures doublent les files, si elles ne se trouvent déjà dans cet ordre, et se forment perpendiculairement à la direction suivie, le timon placé en dedans de la route, les chevaux se faisant face ; quand la largeur de la route ne le permet pas, les voitures sont serrées l'une contre l'autre, les chevaux tournés du côté opposé à l'attaque.

Les conducteurs des voitures sont à pied, à la tête de leurs chevaux, pour mieux en être maîtres. Les conducteurs qui voudraient fuir sont à la disposition absolue des officiers et des sous-officiers.

Les tirailleurs tiennent l'ennemi le plus longtemps possible loin du convoi ; ils sont soutenus par les troupes de l'escorte, qui attaquent énergiquement l'ennemi ; si cela est nécessaire, la cavalerie de l'escorte charge vigoureusement, sans se désunir et sans s'abandonner à une poursuite qui pourrait l'attirer dans le piége d'une retraite simulée.

Dans le cas où le feu prend au convoi, il faut, s'il est parqué, s'occuper d'écarter les voitures enflammées, ou, si on ne le peut, éloigner les voitures de munitions d'abord, puis celles qui se trouvent sous le vent. Sur une route, on renverse dans le fossé les voitures en combustion, après en avoir ôté les attelages, qu'on répartit ainsi qu'il a été dit.

On essaye de faire filer un certain nombre de voitures, si la tournure que prend le combat rend ce moyen extrême nécessaire, et si la nature du pays et la proximité d'un poste en favorisent l'exécution. Quelquefois le commandant abandonne à l'ennemi une partie du convoi pour sauver l'autre ; dans ce cas, il laisse de préférence les voitures chargées de vin ou d'eau-de-vie, et ne sacrifie les munitions de guerre qu'à la dernière extrémité.

Lorsque après une défense opiniâtre et la perte de la majeure partie de sa troupe, le commandant se sent trop faible pour résister plus longtemps, et qu'il ne peut espérer aucun secours, il fait mettre le feu au convoi ; puis il tente, par une action vigoureuse, de se frayer une issue et d'emmener ses chevaux d'attelage ; il les tue plutôt que de les abandonner à l'ennemi.

Escorte d'un convoi de prisonniers.

100. L'escorte des prisonniers exige une vigilance spéciale et beaucoup de prudence et de fermeté. Ces officiers prisonniers sont séparés de leurs soldats.

L'officier ou le sous-officier chargé de conduire des prisonniers les place en colonne par deux ou par quatre, en faisant devancer, suivre et flanquer cette colonne, qui marche en ordre serré. Il défend toute conversation entre les hommes de l'escorte et les prisonniers, et il empêche ces derniers de communiquer avec les habitants.

Au départ, l'escorte charge ses armes en présence des prisonniers, qui sont prévenus que toute tentative de résistance sera réprimée avec la dernière sévérité. Plus l'escorte est faible, plus la répression doit être rigoureuse. En présence d'indices de résistance ou de complot, les meneurs sont mis à part et soumis à la plus étroite surveillance.

Il est autant que possible pourvu aux besoins des prisonniers, et on doit leur éviter toute insulte. Les malades surtout sont traités avec ménagement, mais toujours surveillés. Pour les repos ou pour l'emplacement du bivouac, on recherche des terrains découverts et éloignés des habitations, des bois, des grands blés.

Si le convoi doit être cantonné, on choisit des localités contenant de grands batiments où les prisonniers puissent être gardés en sûreté. Des factionnaires sont placés à l'intérieur des bâtiments, qui sont toujours éclairés. Une porte seule reste ouverte et une garde y est établie. Le reste de l'escorte est réparti très à proximité dans les maisons voisines.

Si le convoi est attaqué, on oblige les prisonniers à se tenir couchés; une partie de l'escorte reste auprès d'eux, et fait feu sur quiconque se relève avant d'en avoir reçu l'ordre; l'autre partie se porte à la rencontre de l'ennemi.

Attaque d'un convoi.

101. L'attaque d'un convoi a lieu de préférence au passage d'un bois, d'un défilé, d'un pont, dans une sinuosité de route ou dans une montée difficile.

Pendant qu'une partie de la troupe assaillante cherche à disperser l'escorte, quelques groupes se dirigent sur les premières et les dernières voitures du convoi pour les mettre en travers de la route et empêcher les autres d'avancer ou de rétrograder.

Si le convoi est considérable, on dirige l'attaque sur plusieurs points à la fois, afin de forcer l'escorte à se morceler. Après le succès, les voitures qui ne peuvent être emmenées sont brûlées.

Convoi escorté par des troupes de différentes armes.

102. Lorsque les différentes armes concourent à l'escorte d'un convoi, la cavalerie forme toujours l'avant-garde et envoie, sur tous les chemins aboutissant à la route suivie par le convoi, des reconnaissances qui fouillent le pays avec soin. Quelques cavaliers sont en outre

échelonnés dans la colonne pour aider à la surveillance générale de la marche et pour assurer
la transmission rapide des nouvelles et des
ordres.

L'infanterie est habituellement divisée en trois
détachements qui marchent en tête, au centre et
en queue du convoi, et dont la force est variable,
selon qu'une attaque est à craindre en avant, sur
les flancs ou sur les derrières.

Si le convoi a du canon, le commandant en
dispose comme l'indiquent les localités et les
circonstances.

On se conforme pour régler l'ordre de
marche, les haltes, l'établissement des parcs,
et pour prendre les positions de défense, aux
prescriptions indiquées précédemment (nᵒˢ 96,
97 et 98).

Dans la marche en avant, l'infanterie est plus
particulièrement chargée d'occuper les positions
dominantes, en les couvrant par des tirailleurs et
au besoin par de petits postes.

Dans la marche en retraite, elle rompt les ponts,
barricade ou détruit les chemins, et oppose à l'ennemi le plus d'obstacles possible.

CHAPITRE II.

Réquisitions.

—

**Dispositions concernant le service
des réquisitions.**

103. En campagne, lorsque les ressources du

pays le permettent, le moyen le plus simple et le plus avantageux de subvenir au besoin des troupes est le système de réquisitions. Mais, afin de ménager les intérêts de la population, de ne pas appauvrir complètement le pays et d'éviter tout gaspillage et tout désordre, il est nécessaire que les réquisitions soient faites avec régularité et en exécution d'ordres précis.

Elles peuvent s'appliquer à tout ce qui concerne l'entretien des troupes : subsistances, logement, transports, effets de toute nature, hôpitaux et solde.

Toute réquisition est justifiée par un bon provisoire établi par l'intendance, ou à son défaut, par le commandant de la troupe.

L'officier chargé de procéder à une réquisition reçoit l'ordre indiquant le lieu où elle doit être faite, et déterminant la nature et la quantité des denrées ou des fournitures qui doivent lui être livrées. Il est accompagné d'un détachement qu'il divise en deux parties : l'une chargée de protéger l'opération, et l'autre de l'exécuter. La première fraction garde toutes les issues du lieu où se fait la réquisition pour empêcher d'aller prévenir l'ennemi ou de laisser sortir quoi que ce soit. La deuxième fraction reste autant que possible en dehors de la localité, sur un point où les habitants devront réunir tout ce qui fait l'objet de la réquisition. Le commandant du détachement fait venir le chef de la municipalité ou les notables, et leur indique, d'une manière ferme et précise, le lieu et l'heure qu'il fixe pour la livraison des objets demandés. Il les avertit que, faute par eux de se conformer strictement aux ordres qu'il donne, il infligera des amendes ou fera procéder à des perquisitions.

Le chargement est placé soit sur des voitures que le détachement aurait amenées, soit sur celles qui seraient requises dans la localité. Le commandant du détachement, avant de se remettre en route, vérifie le bon état de ses moyens de transport.

Si les voitures font absolument défaut, et si une troupe de cavalerie fait partie du détachement de réquisition, on fait mettre pied à terre aux cavaliers et on charge leurs chevaux. Le poids qu'un cheval peut porter ainsi est d'environ 100 kilogrammes (1).

On emploie également le système des réquisitions pour se procurer des travailleurs dont la troupe pourrait avoir besoin.

Défense d'un détachement en réquisition.

101. Si l'ennemi attaque un détachement en réquisition, on se porte au-devant de lui, ou bien on l'attend, suivant les lieux et les circon-

---

(1) La quotité des denrées sera évaluée d'après les données suivantes :

1 mètre cube de paille pèse...........	62 kilog.
1 mètre cube de foin pèse............	65
1 mètre cube d'avoine pèse...........	480
1 mètre cube d'orge pèse.............	580
1 mètre cube de seigle pèse..........	670
1 mètre cube de blé pèse.............	750

Pour les animaux sur pied, on estime le déchet d'abatage à 40 ou 45 p. 0/0 du poids brut.

stances, pendant que l'on fait filer en toute hâte les denrées récoltées. La défense doit se régler sur les mêmes principes que ceux donnés pour les convois.

Attaque d'une troupe en réquisition.

105. L'attaque d'une troupe en réquisition doit être conduite avec beaucoup de rapidité et de vigueur. Il faut arriver vivement sur les postes, qu'on rejette sur leurs soutiens, disperser ceux-ci et tomber alors sur les travailleurs avant qu'ils aient eu le temps de se réunir. Une partie de la troupe se porte sur la ligne de retraite de l'ennemi, et cherche à enlever les hommes isolés.

CHAPITRE III.

Surprises et embuscades.

Des surprises.

106. La surprise est une attaque inattendue, prompte, énergique, qu'on exécute lorsque l'ennemi se trouve dans des conditions défavorables pour la défense.

La première condition pour le succès, en pareil cas, est d'assurer le secret sur l'entreprise projetée, et de connaître exactement les côtés faibles de la situation de l'adversaire.

Le moment le plus favorable pour surprendre l'ennemi est le point du jour. On peut profiter avantageusement des temps de pluie, de brouillard ou de la grande chaleur. On peut aussi profiter de la nuit, mais avec des troupes d'élite, et pour de petites opérations seulement. Pendant la marche, le chef du détachement fait observer le plus grand silence, se détourne des lieux habités et des grandes routes, et reconnaît une ligne de retraite sur laquelle il établit un soutien. La ligne de retraite, le signal et le point de ralliement sont indiqués à tous les hommes du détachement.

Au moment de l'attaque, il faut agir avec promptitude et résolution. Si la surprise a pour objet de faire des prisonniers, d'enlever un poste, d'enclouer des canons, etc., et non pas d'enlever une position et de s'y maintenir, la retraite doit commencer aussitôt que le résultat est obtenu. Il est probable, en effet, que l'ennemi cherchera à reprendre l'offensive sur le point où l'attaque a eu lieu.

Le but d'une surprise étant de faire à l'ennemi le plus de mal possible sans engager beaucoup de monde, chacun doit avoir une mission spéciale : par exemple, attaquer et enlever les chefs, mettre les armes hors de service, délivrer des prisonniers, couper les traits des attelages.

Surprise d'un lieu habité.

107. Pour surprendre un lieu habité, le détachement est divisé en plusieurs groupes, dont l'action est combinée de telle sorte que l'attaque ait lieu sur plusieurs points à la fois. Une fraction est chargée du mouvement offensif, tandis qu'une autre occupe les issues et que la

réserve se tient en dehors de la localité et prête à
agir.

En raison de l'importance réservée à l'action individuelle dans une opération de cette nature, le
plan de l'attaque est communiqué à tous les hommes du détachement.

Surprise d'une troupe en marche.

108. Pour surprendre une troupe en marche,
on doit choisir un terrain où l'ennemi éprouverait des difficultés à se former : par exemple, un
défilé dans lequel on aurait laissé s'engager une
partie de sa colonne; le commandant de la troupe
assaillante attaque alors résolûment sur le point
qu'il juge le plus faible.

Des embuscades.

109. Une troupe tend une embuscade en se
cachant dans une position pour surprendre l'ennemi ou pour l'arrêter dans sa poursuite.

Le secret est, comme dans les surprises, la
première condition du succès; aussi le départ
doit-il avoir lieu généralement pendant la nuit,
pour permettre au détachement d'arriver avant
le point du jour à l'endroit choisi. Les temps
de pluie et de brouillard sont particulièrement
favorables, et l'on se dirige de préférence par
les ravins, les bois et les revers de colline, qui
permettent de se dérober à la troupe qu'on
veut surprendre. On peut non-seulement tendre
une embuscade sur le chemin que doit suivre
l'ennemi, mais encore chercher à l'attirer au
moyen de petits détachements qui se laissent poursuivre.

Dans l'embuscade, le chef fait observer par sa troupe le plus grand silence, maintient ses hommes cachés, et réprime l'impatience ou la curiosité de chacun, l'attaque ne devant avoir lieu que lorsqu'il en donne le signal. Il se fait couvrir par quelques sentinelles qui se dissimulent avec soin. Si l'attaque échoue, le détachement se rallie sur un point de rassemblement qui a toujours dû être désigné à l'avance.

CHAPITRE IV.

Destruction de chemins de fer,
lignes télégraphiques, matériel, etc.

—

Proscriptions générales au sujet des destructions.

110. Il est de règle absolue qu'aucun ouvrage d'art ne peut être détruit ou mis hors de service sans ordres. Généralement alors, ces missions sont confiées à des officiers d'armes spéciales; cependant, il peut arriver qu'une troupe d'infanterie soit désignée pour prêter son concours à des opérations de ce genre, ou même soit chargée de les exécuter entièrement. Ces entreprises sont toujours protégées par une portion du détachement qui reste sous les armes.

Chemins de fer.

111. Un parti de quelques hommes suffit, non pour détruire un chemin de fer, mais pour en compromettre le service pendant quelques heures, souvent même pendant plusieurs jours.

Pour cette opération, les hommes sont munis

d'outils spéciaux ; ils peuvent même quelquefois se les procurer dans les gares ou par réquisition chez l'habitant.

Les outils les plus nécessaires sont :

Des clefs pour desserrer les écrous des plaques ou éclisses de joints de rails ;

Des pieds-de-biche pour enlever les tire-fonds qui assujettissent les rails aux traverses ;

Des marteaux et des masses ;

Des pelles et des pioches pour découvrir les traverses ;

Des cartouches de dynamite avec des mèches.

Ces différents objets sont transportés sur des voitures à la suite de la colonne.

112. *Destruction de la voie*. — Le point de la voie à détruire est choisi autant que possible aux bifurcations, dans les courbes ou dans les parties en déblai, le dommage qui doit en résulter devenant beaucoup plus considérable.

Le premier soin du commandant du détachement est d'intercepter les communications télégraphiques pour éviter que l'ennemi soit prévenu de son entreprise.

L'enlèvement des rails s'effectue de deux manières, suivant le système qui a servi à établir la voie :

1° Chasser les coins à coups de marteau ; faire sortir les rails des coussinets en opérant une pesée à l'aide du pied-de-biche ;

2° Dévisser avec la clef les boulons des éclisses ou les briser à coups de marteau ; faire une petite tranchée dans le ballast pour découvrir les tire-fonds et les arracher au moyen du pied-de-biche ou les briser.

Ces premières opérations terminées, trois hommes suffisent pour enlever un rail à la main.

Après avoir arraché les rails, on déchausse les traverses, on les met en pile et on les brûle. Les rails, placés dans le foyer, se courbent sous l'action de la chaleur et ne peuvent plus être utilisés.

On peut encore jeter les rails dans une rivière, ou les emporter si l'on a un train à sa disposition.

Comme moyen de destruction sommaire et très expéditif, on emploi des cartouches de dynamite, dont l'explosion détermine la rupture des rails. Il suffit de placer la cartouche à côté d'un joint de rails, en lui faisant un logement dans le ballast, de manière qu'il y ait contact absolu des surfaces de la boîte et du rail. On communique le feu au moyen de mèches préparées pour cet usage.

Les éboulements dans un tunnel ou dans une tranchée sont produits par l'emploi de la dynamite placée soit en dessous de la clef de voûte du tunnel, soit contre le mur de soutènement des terres de la tranchée.

113. *Destruction dans les gares.* — Dans une gare, briser les aiguilles des changements de voie en enlevant les écrous qui fixent les leviers à leurs bâtis inférieurs et aux rails mobiles; fausser les engrenages de plaques tournantes;

enlever ou casser les pièces importantes des prises d'eau ; éventrer les réservoirs ; casser, dans les locomotives, les appareils alimentaires, les fonds des cylindres ; placer des pétards dans la tubulure.

Tout ce qui concerne l'alimentation des machines doit être détruit aussi complètement que possible ; un chemin de fer sur lequel les locomotives ne peuvent renouveler leur approvisionnement d'eau est un chemin de fer stérilisé.

Enfin, la destruction peut être complétée par l'incendie du matériel roulant et des approvisionnements, principalement ceux du charbon. Quant à l'incendie des gares, il ne procure généralement aucun avantage pour les opérations de la guerre.

Si un détachement, au lieu d'être chargé de détruire une ligne de chemin de fer, a pour mission d'en reconnaître l'état, le chef du détachement fait suivre la voie et les chemins latéraux par des éclaireurs. Il fait parcourir lentement la voie à un chariot de manœuvre, afin de vérifier l'écartement et la fixité des rails. Il s'assure qu'il n'a été exécuté aucune des tentatives de destruction indiquées précédemment.

Lignes télégraphiques.

114. Pour procéder à la destruction des lignes télégraphiques, emporter, si on le peut, un marteau, des cisailles, une scie ou une hache, une pelle et une pioche.

Couper et enlever les fils sur la plus grande longueur possible, en ayant soin de briser les supports isolants ; couper les poteaux en bois ; déchausser et renverser les poteaux en fonte. Si la ligne est souterraine, faire quelques petites tranchées pour rechercher les fils, qui sont rarement à une grande profondeur.

Quand l'opération s'effectue à une station télégraphique, enlever les appareils, briser les piles, saisir les registres et rouleaux d'inscription de dépêches.

Quand on veut interrompre momentanément le service d'une ligne télégraphique, on peut relier tous les fils ensemble au moyen d'un autre que l'on enfonce ensuite dans le sol. Cette opération est très rapide, et permet de rétablir facilement la communication.

Ponts.

115. Pour les ponts en pierre, une charge de dynamite placée sur le sommet d'une voûte et recouverte d'une couche de terre ou de sable, suffit généralement par son explosion à renverser cette voûte.

Pour les ponts métalliques, on enroule autour des arcs ou des poutres un saucisson de toile rempli de dynamite.

On effectue la destruction d'un pont suspendu en coupant à une des extrémités les cables métalliques de suspension.

S'il s'agit de détruire un pont de bois, on répand sur le tablier du goudron ou des huiles, et on met le feu simultanément en plusieurs points. A défaut de ces liquides, on emploie des fascines sèches; s'il n'en existe pas à portée, on fait sauter le pont avec de la dynamite, ou bien l'on arrache les madriers qui forment le tablier.

Pour détruire un pont de bateaux, on y met le feu ou l'on submerge les bateaux en enlevant quelques planches de la cale. Le même moyen est employé pour détruire un bac.

Canaux.

116. Détruire les vannes et déversoirs; briser les machines motrices des écluses en enlevant les pignons d'engrenage et les chevilles.

Gués.

117. Pour mettre un gué hors d'usage, on y fait jeter des herses de laboureurs, les dents en l'air, et on les charge de quelques grosses pierres pour empêcher le courant de les emporter; ou bien on intercepte le passage au moyen d'arbres coupés.

Matériel d'artillerie.

118. Pour enclouer les pièces, on se sert de clous bardelés en acier; on les enfonce dans la lumière avec une pierre ou le dos de la hache de campement, en frappant légèrement les premiers coups. Lorsqu'on sent une vive résistance, briser le clou au ras de la pièce par un coup sec sur le côté.

On met hors de service les pièces se chargeant par la culasse en emportant une partie de l'appareil de fermeture, s'il est possible, et en le jetant au loin. On peut encore frapper avec le marteau ou le dos de la hache de campement sur les filets des vis de pointage et de fermeture pour les empêcher de servir, ou les fausser à coup de levier; casser les hausses; emporter ou briser les pièces de rechange renfermées dans les coffrets d'affût; casser les timons.

Les obus sont jetés à l'eau, et, si on le peut, les caissons sont noyés avec leur chargement.

L'emploie des fusées percutantes rend la destruction successive des projectiles très dangereuse, un obus qu'on jetterait à terre ou qu'on laisserait tomber pouvant éclater et occasionner de graves accidents.

Armes portatives.

119. On détruit les fusils en brisant les crosses, après s'être assuré que l'arme n'est pas chargée. On fausse les canons en frappant l'extrémité sur un corps dur; on casse les chiens ou on enlève la culasse mobile, selon le modèle des armes.

On détache et on jette le barillet des revolvers.

Les cartouches sont noyées ou enterrées.

Les lames de sabre sont faussées ou brisées.

Les lances sont détruites en cassant la hampe.

TABLE DES MATIÈRES.

PREMIÈRE PARTIE.

INSTRUCTION PRATIQUE SUR LE SERVICE DES AVANT-POSTES.

INSTRUCTION DE LA SECTION.

INSTRUCTION DE LA COMPAGNIE.

INSTRUCTION DU BATAILLON.

Développement des règles servant de base à l'instruction pratique.

CHAPITRE PREMIER.

CHAPITRE II.

SENTINELLES.

CHAPITRE III.

PETITS POSTES.

CHAPITRE IV.

GRAND'GARDES.

CHAPITRE V.

RÉSERVE D'AVANT-POSTES.

CHAPITRE VI.

COMMANDANT DES AVANT-POSTES.

CHAPITRE VII.

POSTES DÉTACHÉS.

CHAPITRE VIII.

PATROUILLES ET RONDES.

CHAPITRE IX.

AVANT-POSTES IRRÉGULIERS.

CHAPITRE X.

INFANTERIE EN COMBINAISON AVEC D'AUTRES ARMES.

DEUXIÈME PARTIE.

INSTRUCTION PRATIQUE SUR LE SERVICE
DE MARCHE.

* * *

INSTRUCTION DE LA SECTION.

CHAPITRE III.

CORPS PRINCIPAL.

CHAPITRE IV.

ARRIÈRE-GARDE.

CHAPITRE V.

INFANTERIE EN COMBINAISON AVEC D'AUTRES ARMES.

TROISIÈME PARTIE.

INSTRUCTION PRATIQUE SUR LE SERVICE DE RECONNAISSANCE.

INSTRUCTION DE LA SECTION.

Développement des règles servant de base à l'instruction pratique.

CHAPITRE PREMIER.

DÉFINITIONS.

CHAPITRE II.

CANTONNEMENTS.

CHAPITRE III.

BIVOUACS.

CHAPITRE IV.

CAMPS.

CINQUIÈME PARTIE.

INSTRUCTION PRATIQUE RELATIVE AUX CONVOIS ET AUX PETITES OPÉRATIONS DE LA GUERRE.

Développement des règles servant de base à l'instruction pratique.

CHAPITRE PREMIER.

CONVOIS.

CHAPITRE II.

RÉQUISITIONS.

CHAPITRE III.

SURPRISES ET EMBUSCADES.

CHAPITRE IV.

DESTRUCTION DE CHEMINS DE FER, LIGNES TÉLÉGRAPHIQUES, MATÉRIEL, ETC.

Limoges. — Imprimerie militaire V. CHARLES,
Rue Manigne, 16.

Décret du 13 oct. 1863 portant réglem. sur le service dans les places de guerre et villes de garn.: modifié. — in-18.

    Cartonné en papier. . . . . 1 fr. 50 c.
    Relié en toile. . . . . 2 fr. »
— Extrait par demandes et par réponses, à l'usage des sous-officiers, caporaux et volontaires d'un an des troupes à pied. — in-18. — Broché. . . . . 50 c.
            Cartonné. . . . . 60 c.
Fortification passagère (Notions élémentaires de) à l'usage des volontaires d'un an (service de l'infanterie). . 25 c.
Instruction pratique sur le service de l'Infanterie en campagne, — in-18. — Cartonné. . . . .
            Relié toile. . . . .
Manuel de l'instructeur de tir, à l'usage des officiers. (Approuvé le 19 novembre 1872). . . . . 1 fr. 25 c.
— Extrait du Manuel de l'Instructeur de tir, à l'usage des sous-officiers et des candidats (9 mai 1873). . . . 50 c.
Ordonnance sur le service intérieur des troupes d'infanterie, du 2 novembre 1833, annotée de toutes les dispositions qui l'ont modifiée et collat. d'après les textes offic., — in-18.
    Cartonné en papier. . . . . 1 fr. 50 c.
    Relié en toile. . . . . 2 fr. »
— Extrait à l'usage des sous-officiers, caporaux et volontaires d'un an, complété de toutes les dispositions et modifications intervenues jusqu'au 1er janvier 1874. — in-18.
    Broché. . . . . 50 c.
    Cartonné en papier. . . . . 60 c.
Ordonnance du 3 mai 1832, sur le service des armées en campagne, annotée de toutes les dispositions qui l'ont modifiée, — in-18. — Cartonné papier. . . . . . 1 fr. 50 c.
            Relié toile. . . . . 2 fr. »
— Extrait à l'usage des sous-officiers, brigadiers et caporaux de toutes armes, comprenant l'instruction sur les tranchées-abris et celle pour le tracé et l'érection des tentes et des manteaux d'armes, — in-18. — Broché. . . . . . . 50 c.
            Cartonné papier. . . 60 c.
Règlement du 12 juin 1875 sur les manœuvres de l'infanterie, avec rapport au Ministre. — Titre I : Bases de l'Instruction. — Titre II : Ecole du soldat. — in-18.
    Cartonné papier. . . . . » 75 c.
    Relié toile. . . . . 1 fr. »
— Titre III : Ecole de compagnie, — in-18.
    Cartonné papier. . . . . 60 c.
    Relié toile. . . . . 75 c.
— Titre IV : Ecole de bataillon, — in-18.

www.ingramcontent.com/pod-product-compliance
Ingram Content Group UK Ltd.
Pitfield, Milton Keynes, MK11 3LW, UK
UKHW020244180726
13839UKWH00001B/172